LA SOMBRA DE LA INFLUENCIA

MANIPULACIÓN Y DEPENDENCIA EN NUESTRAS RELACIONES

Adrián Hinojosa

LA SOMBRA DE LA INFLUENCIA

MANIPULACIÓN Y DEPENDENCIA EN NUESTRAS RELACIONES

Adrián Hinojosa

La sombra de la influencia

© 2025 Adrián Hinojosa

Primera edición, 2025

Director de colección: Eduardo Torres
Directora de producción: M.ª Rosa Castillo
Corrección: José López
Maquetación: D. Márquez
Diseño de la cubierta: cuantofalta.es

© 2025 Editorial Sentir es un sello editorial de Marcombo, S. L.
Avenida Juan XXIII, n.º 15-B
28224 Pozuelo de Alarcon. Madrid
www.editorialsentir.com
Contacto: sentir@marcombo.com

© 2025 Colección: Sentilibros

ISBN: 978-84-267-4023-6
D. L.: B 17861-2025
Impresión: Servicepoint
Printed in Spain

Libro ecológico
Impreso con papel procedente de bosques gestionados de manera eficiente, libre de cloro.

ÍNDICE

PRÓLOGO

De Juan Luis Linares

Conocí a Adrián Hinojosa en Buenos Aires, hace aproximadamente diez años, con motivo de un seminario que, a la sazón, debía yo dictar en la Escuela Sistémica Argentina. Antes de comenzar, se me acercó y me dijo aproximadamente así:

—Doctor, yo voy a ir pronto con una beca a Barcelona, a su escuela. ¿Usted sería tan amable de recomendarme un hotel o algún otro sitio que no fuera muy caro donde yo me pudiera alojar?

Me lo quedé mirando y me gustó. Tenía cara de bueno y, a la vez, no parecía exento de atrevimiento. Así que, tras un instante de vacilación, le espeté:

—¿Te gustan los niños?

Por un momento vi el desconcierto pintado en su rostro, pero enseguida se recompuso y me respondió con firmeza:

—Sí.

—Bueno, pues vente a vivir a mi casa y cuidas a mis hijos cuando yo salga por la noche.

Fue una apuesta rápida y arriesgada por mi parte, pero acerté de lleno, y nunca he tenido el menor motivo para lamentarlo: Adrián ingresó en mi familia y aún hoy me llama papá, mientras que mis hijos menores lo consideran un hermano más, y yo por supuesto lo considero un hijo más.

Yo ya conocía Jujuy, la ciudad de Adrián en el noroeste argentino, desde un viaje hace treinta años en el que atravesé Sudamérica, pero desde que lo conozco la he frecuentado, incluyendo sus espectaculares alrededores montañosos, e incluso la vecina Bolivia y su carnaval de Oruro, el mejor del mundo en mi modesta opinión. Y, además de satisfacer mi inveterada afición a los viajes, ello me ha permitido conocer el carácter andino, del que Adrián representa una variante particularmente fascinante: ambición y creatividad envueltas en formas sencillas y modestas. Este libro es una buena muestra de ello. Y lo afirmo con doble autoridad después de haber visto el montaje teatral que Adrián viene ofreciendo sobre su contenido en varias ciudades de su país y el extranjero: sencillamente genial.

La manipulación y la dependencia son fenómenos ampliamente conocidos que forman parte del patrimonio psicorrelacional de la humanidad. Casi podríamos afirmar que todos tenemos alguna experiencia en ellas. Y, sin embargo, nuestro autor es capaz de decir cosas originales al respecto y de entretener a multitudes sobre un escenario, jugando con su significado y proponiendo atrevidos cambios en la manera de vivirlas.

Yo, querido lector o querida lectora, no voy a hacer un prólogo largo. Si has adquirido ya este libro, me voy a limitar a felicitarte, porque has ingresado en el selecto grupo de personas que van a disfrutar de las propuestas de Adrián haciendo honor a lo que el gran Tirso de Molina definía como «deleitar aprovechando». Y si aún estás simplemente hojeándolo, te voy a invitar a que te decidas a adquirirlo, en la seguridad de que no te arrepentirás.

Podrá haber quien me acuse de estar manipulando, extralimitándome de mis modestas funciones de prologuista, pero ello significará que no han leído el libro de Adrián o que, cosa mucho más difícil, habiéndolo leído no lo han entendido.

Juan Luis Linares
Dr. en Psicología y Psiquiatría
Director de la Escuela de Terapia Familiar Sant Pau

Ama quella, ama llulla, ama sua.

(No robar, no mentir, no ser ocioso)

(Principios incas)

INTRODUCCIÓN

Puede pasar mucho tiempo hasta que notes que la sombra de otra persona se posa sobre tu cuerpo, oscura y fría, casi imperceptible. La sombra de otros termina condicionando nuestro sentir, nuestro pensar, nuestro vivir. Siempre supimos que no éramos tan libres como queríamos, pero nunca imaginamos lo manipulables que somos por otras personas y lo dependientes que podemos volvernos de un otro, aunque nos llene de sufrimiento.

Podemos notar fácilmente cuando alguien nos da una orden, pero es realmente difícil identificar cuando alguien nos influye, es una jugada casi imperceptible pero que moldea gran parte de nuestras conductas e incluso de nuestra salud.

¿Cuántas veces hiciste algo solamente para devolver un favor que en un principio no querías recibir? (reciprocidad)

¿Cuántas veces obedeciste la autoridad impuesta de una persona que te indicaba que era lo correcto, aunque no estabas de acuerdo? (autoridad)

¿Cuántas veces seguiste la dirección de una multitud solo para no quedarte solo, aunque te sentías completamente incómodo? (prueba social)

¿Recuerdas todo lo que pagaste para poder pertenecer a un lugar que nunca sentiste como propio? (unidad)

¿Qué tal la vez que, por urgencia o porque parecía una oportunidad única, compraste algo que ni siquiera te gustaba? (escasez)

¿O cuando seguiste un camino completamente incómodo para ti, pero que propuso una pareja a la que sentías como un igual, pero jamás lo fue? (simpatía)

¿Y qué tal las veces que diste un sí completamente presionado, aunque querías decir no, pero no lo hiciste porque muchas veces antes dijiste sí y te acusaban de ser muy cambiante? (consistencia)

Ahora imagina que todos esos desaciertos e incompatibilidades ocurren constantemente en una pareja o en una familia de la que no puedes salir. Ahora imagina que nada de todo eso fue azaroso, que todo fue planeado por una persona, un manipulador, y que puede quebrar tu estabilidad hasta que generes una dependencia emocional.

Esas relaciones maltratantes comienzan a ocurrir por algo que se denomina principios de influencia (he dejado el nombre de cada uno entre paréntesis al lado de las preguntas), que funcionan como un hilo invisible que recorre todas nuestras relaciones.

Este libro está montado sobre esa base y agregando temas relevantes como la comunicación, cómo se define la realidad, el papel del poder en la familia, los secretos y las lealtades familiares, qué psicopatologías existen alrededor de la manipulación, cómo se vive el abandono, los miedos y el apego, los mitos sobre el amor y las trampas que nos imponemos a nosotros mismos para ser dependientes emocionales. Todo eso y más explicado con casos de pacientes e historias reales de personas.

Este libro está pensado para todo el público, para que puedan explorar cómo ocurre la manipulación y la dependencia en la vida cotidiana, en nuestras relaciones más íntimas y en las dinámicas familiares.

Entender la manipulación y la dependencia no solo nos ayudará a ser menos vulnerables, sino también a recuperar el control de nuestras decisiones.

Puede pasar mucho tiempo hasta que notes que la sombra de otra persona se posa sobre tu cuerpo... Es hora de encender la luz.

1

LA MALDITA COMUNICACIÓN

Comencemos por una afirmación sobre nuestra cotidianeidad y que no siempre tenemos tan presente: estamos condenados a la comunicación. No es opcional comunicarnos, sino un acto intrínseco a nuestra vida. No importa cuántos intentos realicemos por aislarnos y cortar con dicha condena, todos serán fracasados.

Por ejemplo, cuando una persona intenta no decir nada para no crear problemas, se refugia en el silencio e intenta esquivar el contacto visual, pero lastimosamente, lejos de conseguir su cometido, solo hace más evidente su cierre. Si esa persona se encuentra en el medio de una discusión, su silencio y esquive resulta ser un gran mensaje en sí mismo, que no lo exime de la interlocución, sino todo lo contrario. Una y otra vez nos llevaremos la frustración de que siempre estamos emitiendo señales. La comunicación existe, independientemente de nuestra voluntad y decisión.

A veces podemos creer que el hecho de no hablar es equivalente a no comunicar, pero también nos toca frustrarnos en esto y asumir que, aunque no hablemos, no significa que no comuniquemos. Nuestros gestos, el movimiento del cuerpo, la respiración profunda, ¡e incluso el mismo silencio en el que nos refugiamos!, todo eso transmite información a nuestros interlocutores.

Un reconocido psicólogo argentino llamado Carlos Sluzki (2011) escribió un libro que tituló *La presencia de la ausencia*. Una de sus premisas fue que la ausencia de las personas, y de sus palabras, solo resalta sus figuras.

Es decir que, en el mundo de la comunicación, cuanto más se quiera ocultar algo, más rastros se dejan. Por ejemplo, cuando estamos acostumbrados a que un amigo hable mucho, si en algún momento deja de hacerlo, eso nos llama poderosamente la atención. Otro ejemplo es cuando tomamos distancia de una persona y por ello comenzamos a notar todos los espacios que ocupaba y de los que no nos dábamos cuenta.

Cuando algunas figuras se convierten en ausencias quedan en evidencia todas las presencias que se solían ocupar y a las que nos acostumbramos, pero que también percibimos con facilidad cuando ocurre un cambio. Como seres sociales, tendemos a ser sensibles a las señales de distancia o proximidad de las personas, las podemos intuir incluso a través de WhatsApp o cualquier servicio de mensajería, que no son más que comunicaciones planas sin la riqueza de la conversación frontal.

Dada esta realidad, la comunicación, además de ser una obligación de la que no podemos escapar, también es una responsabilidad que debemos asumir, ya que, mientras menos nos ocupemos y dimensionemos nuestra comunicación, es más probable la aparición de problemas que, sostenidos en el tiempo, se pueden convertir en psicopatologías.

Aunque esto último puede sonar drástico y dramático, no deja de ser real. La idea de que las psicopatologías son puramente productos biológicos o exclusivamente intrapsíquicos ya está descartada en el mundo de la salud mental.

Observemos que las ausencias y las presencias se conectan en la comunicación. La teoría de la *Gestalt,* que fue originalmente creada para describir la percepción del mundo que nos rodea, ha definido leyes que explican cómo actuamos frente a los diferentes fenómenos que observamos. Por ejemplo, en una cuadrilla de puntos organizados, nuestra percepción puede hacernos «ver» cosas para que completemos una imagen, y a eso lo llamaron ley de cierre. Los trazos vacíos sobre algunas formas podrían dibujar frente a nosotros figuras que incluso no estén allí.

Si observamos la imagen no nos costará nada identificar la figura de un cubo sobre los ocho puntos negros de fondo. En este caso los espacios en blanco no son azarosos y la figura que se observa, aunque no esté allí, es perceptible, porque hemos incorporado la noción de un cubo y sus dimensiones. Este fenómeno perceptual está dado por la combinación de diferentes elementos: la preconcepción de una figura, los intencionados trazos blancos, el fondo de puntos negros construyendo un marco y nuestra necesidad de que lo observado tenga un sentido.

Cuadro sobre puntos

Esa tendencia a completar lo que falta también ocurre en las conversaciones. La teoría de la *Gestalt* se aplica a la comunicación diaria con nuestras familias y parejas. Cuando nos falta información, la completamos de diversas formas: con proyecciones inconscientes, especulaciones basadas en experiencias anteriores, o expectativas y fantasías de lo que creemos que podría suceder.

Por eso la comunicación es una responsabilidad, porque estamos condenados a ella sin escapatoria y porque, cuanto menos entrenada esté, más sencillo será que todo tipo de desacuerdos y malentendidos nazcan. Cabe aclarar que tampoco podremos evitar que ocurran problemas, pero sí podremos ahorrarnos muchos más de los que tenemos cuando nos desligamos de las comunicaciones que nos competen.

Los terapeutas sistémicos hemos estudiado la comunicación durante años, y algunos elementos que consideramos son especialmente prácticos.

1.1. Los axiomas de la comunicación

¿Sabían que la comunicación tiene reglas? No hablo de un código de ética, o de un contrato firmado, sino de propiedades intrínsecas a la comunicación. El hecho de conocerlas nos aclararía mucho sobre qué nos pasa a nosotros y a nuestros vínculos significativos. Tales reglas se conocen como axiomas de la comunicación, y son cinco. A fines prácticos y para todo el público, nos concentraremos solo en dos.

1.1.1. ES IMPOSIBLE NO COMUNICAR

Aceptemos que vivir es comunicar, pero la comunicación es tan imponente que seguimos transmitiendo mensajes después de la muerte. Nuestros discursos, las conductas, las historias y hasta nuestros objetos comunican parte de nosotros.

 En una ocasión trabajaba en terapia con dos hermanos que habían tenido una terrible experiencia de vida con su padre. Cada uno de ellos vivió diferentes tragedias con ese hombre y llegaron a la consulta luego de que este muriera de manera súbita e inesperada. El objetivo de los hermanos era no repetir la historia de maltratos con sus propios hijos, por lo que creyeron conveniente hablar de sus traumas en terapia.

Para sorpresa de ambos, a medida que iban reconstruyendo la historia juntos, se enfadaban cada vez más con el difunto y se frustraban, porque, incluso después de muerto, no los dejaba en paz. El golpe final para estos hermanos fue el momento en que les tocó entrar a la casa del padre, que fue también la residencia de su primera infancia y a la que no habían vuelto hacia años.

Nos tuvimos que preparar para dicho reencuentro con la historia, que a su vez significaba revivir muchos escenarios de maltrato. Les indiqué que debían estar preparados para cualquier cosa, con la apertura suficiente para encontrar aspectos vulnerables del padre, incluso nobles y tiernos, pero también con la posibilidad de conocer una versión aún más siniestra de él, pues esta persona (como todas las personas) continuaría comunicando más allá de la muerte.

Efectivamente pasó lo que sospechaba. Al limpiar y vaciar en profundidad la casa, en el doble fondo de un armario, los hermanos encontraron diversos objetos donde destacaban: un frasco con canicas, un autito de carreras y una fotografía de ellos en la infancia; pero también hallaron un arma de 9 milímetros, y un escrito muy despectivo sobre lo frágiles e inútiles que son las nuevas generaciones, una alusión total hacia sus propios hijos. Allí sentados al borde de la cama, los hermanos continuaban recibiendo descalificaciones de su difunto padre.

Historias como estas se cuentan a montones y todos tenemos recuerdos en las que nos vemos atrapados en la imposibilidad de no comunicar. Cuando no contestamos a un mensaje, cuando evadimos las conversaciones, al disociarnos de escenas maltratantes y al callar nuestro sufrimiento, también estamos comunicando. Pero, además de embarcarnos en una fracasada empresa de aislamiento relacional, también creamos síntomas que hablan por nosotros.

Por eso el trabajo de los terapeutas muchas veces consiste en decodificar la comunicación, por ejemplo, traduciendo los dichos que no son fáciles de comprender, subtitulando con palabras los gestos que los pacientes hacen con el cuerpo, conectando el mundo emocional con el cognitivo de las personas y aplicando todo tipo de intervenciones para hacer que la infranqueable comunicación sea un elemento de comprensión y no solo de construcción de problemas; es decir, ya que la comunicación estará allí hagamos lo que hagamos, mejor dedicarnos a ella.

Nota. Los problemas no se resuelven al evitarlos y no hablaros. Cuando no asumimos las conversaciones pendientes y las esquivamos, solo conseguimos que la tensión se disuelva, pero el problema persiste. En términos de salud mental, el tiempo no cura ninguna herida, a lo sumo la hace más tolerable, pero no resuelve cuestiones.

1.1.2. LA COMUNICACIÓN PUEDE SER DIGITAL Y ANALÓGICA

Ya describimos lo imposible que es no comunicar, pero es que, además de ello, resulta que la comunicación no solo se basa en nuestras palabras, sino que existe una dimensión comunicacional que incluye a los gestos, el tono de voz, los desplazamientos que realizamos y hasta el biotipo de cada persona como elemento relacional, y desvela más información de nosotros de lo que creemos.

Tendemos a subestimar el alcance y el impacto de la información que desprendemos con nuestro cuerpo. Tenemos muchos ejemplos cotidianos que comprueban que somos presos de nuestros autoengaños, en especial cuando creemos que tenemos un claro control sobre nuestros mensajes. Déjenme poner algún ejemplo con algunas escenas comunes.

Ejemplo A: «*Yo nunca dije eso*»

Son incontables las veces en que las parejas discuten fervientemente (dentro y fuera de la terapia), y en el transcurso de la batalla se parafrasean mutuamente. Cada uno intenta recopilar los dichos y acusaciones del otro y, además, lo hacen interpretando los gestos y entonaciones de su pareja.

- Pareja (a): ¡Siempre estás trabajando y ya no hablas conmigo!
- Pareja (b): Trabajar es algo importante...
- Pareja (a): ¡Claro! Entonces, ¿por qué yo no soy importante?
- Pareja (b): ¡Yo nunca dije eso!
- Pareja (a): No lo dijiste, pero es como haces que me sienta. Cada vez que me dejas de lado me estás diciendo eso mismo.

Es un antiguo debate de la comunicación comprender qué ocurre en el abismo existente entre lo que uno dice y lo que nuestros interlocutores entienden. Es cierto que no podemos hacernos responsables de lo que las personas entienden de nuestros mensajes, pues moriríamos de culpa. También es cierto que no podemos creer que nuestros mensajes son siempre claros y precisos, pues pecaríamos de soberbios.

En el ejemplo anterior, la pareja tiene una profunda negociación pendiente sobre la importancia del trabajo en sus vidas, nacida a partir de los mensajes implícitos que se fueron entregando mutuamente, por ejemplo, cada vez que se priorizaba el trabajo y se dejaba la pareja, incluso si el trabajo fuese primordial para la subsistencia. Nuestras conductas no son solo acciones y decisiones personales, también son mensajes hacia los otros, mensajes pertenecientes al mundo analógico de la comunicación.

Ejemplo B: «*Los chicos no saben lo que pasa*»

Suelen aparecer en la consulta padres que tienen una profunda crisis de pareja, pero que también creen que sus hijos están herméticamente preservados de ese conflicto. ¿Por qué? Por qué consideran que, al no pelear frente a ellos, los hijos están blindados a tales problemas.

Es una noble intención la de no pelear delante de los hijos, y es peor el pronóstico para aquellas familias en que los padres no consiguen hacerlo y terminan discutiendo abiertamente frente a ellos (incluso hay padres que invitan a los hijos al conflicto conyugal volviendo a las psicopatologías más propensas de aparición); pero, así y todo, el no pelear delante de los hijos no es suficiente. Ningún padre consigue despojarse completamente de la frustración, de la rabia y del dolor al salir de la habitación donde discutía con su pareja. Las emociones no son prendas de ropa que podemos quitarnos según nuestra conveniencia.

Los hijos que conviven con sus padres son altamente sensibles a las variaciones de humor de estos, pues es una medida de seguridad personal comprender el clima emocional de la casa y los cambios posibles de quienes la dirigen. Todos los hijos saben que pueden recibir más o menos castigos, más o menos permisos, dependiendo del estado de los padres y de la pareja.

Incluso pueden detectar con facilidad cuando hay un conflicto en puerta, cuando hay una guerra silenciosa gestándose o cuando acaba de implosionar alguna discusión. ¿Cómo lo hacen? Leyendo los mensajes analógicos a su alrededor: desde el modo en que se cierra una puerta, hasta la voz entrecortada diciendo de un progenitor fingiendo y diciendo: «No pasa nada».

Un hijo puede culparse por el problema conyugal, castigarse por sentir que no contribuye con una solución, enrabiarse por la injusticia de su sufrimiento nacido de una pelea de pareja, o todo junto. Incluso un hijo puede no saber ni entender con claridad qué ocurre, pero es muy difícil que no experimente emociones de todo tipo, nacidas del tenso contexto en el que vive. Esto implica que los hijos muchas veces sienten, pero no comprenden, lo que es de mal pronóstico para la salud mental.

Por eso los hijos suelen saber y sentir el conflicto más de lo que los padres creen, pues, desde su mundo analógico, los progenitores van comunicando constantemente sobre el problema, y no pueden evitarlo; de hecho, tampoco es lo más sensato negar con las palabras (comunicación digital) aquello que se manifiesta con el cuerpo (comunicación analógica). Existe una diferencia entre hacer saber a los hijos el problema que existe en la pareja y convertirlos en confesores. Pero, dado el poder analógico de la comunicación, vale la pena que los padres no crean que son tan buenos actores sobre sus emociones, ni tan buenos controladores de la información.

Ejemplo C: «No es lo que dijiste, es cómo lo dijiste»

Parte de las complicaciones en la comunicación son los mensajes implícitos. Incluso pueden no existir estos mensajes, pero nuestra percepción y emocionalidad pueden ponerlos allí para confirmar nuestros miedos, preocupaciones o suposiciones.

En nuestro lugar de interlocutores podemos llegar a ser exigentes con los otros. A veces no solo nos basta con que digan aquello que queremos escuchar, sino que también necesitamos que lo digan tal como queremos escucharlo, aunque aquí surge el problema de que podemos percibir los mensajes como deshonestos o falsos; es decir, somos capaces de forzar la comunicación hacia donde nosotros queremos y luego acusar a nuestros interlocutores de no vivir de manera convincente y genuina sus mensajes.

Nos interesa lo que se dice y también cómo se dice, siendo que el cómo es parte de nuestra percepción de la información analógica.

- Pareja (a): Dame un beso...

- Pareja (b): (*ofrece un beso corto y simple*)

- Pareja (a): ¿Por qué me das un beso sin ganas?

- Pareja (b): No es sin ganas. No sé..., solo no lo esperaba, pensaba en otra cosa

- Pareja (a): ¡¿Es que acaso no te importa darme un beso?!

- Pareja (b): Sí me importa; de hecho, te di un beso...

- Pareja (a): Sí..., pero no es que lo hayas hecho, es cómo lo hiciste...

Esta situación de aquí es combinable y compatible con muchas otras escenas de pareja y familia en las que las personas involucradas se ofrecen mutuamente mensajes cuyo alcance no terminan de dimensionar. ¿Quién está en falta en esa situación: la pareja (a), que señala la falta de interés en el beso , o la (b), que intenta complacer forzadamente? ¿Quizá ambos?

Nuestra percepción es muy sensible a las disonancias que podrían existir entre los mensajes digitales y analógicos. Detectamos con facilidad cuando estas dos vías de comunicación se contradicen, o cuando no llevan el mismo tono emocional.

Hay ejemplos muy obvios, como cuando algún progenitor le dice a un hijo que se prepara para ir de fiesta: «Ve tranquilo y diviértete, yo estoy bien...», pero lo hace bañado en lágrimas y tiritando de angustia.

Hay otras situaciones, quizá menos intensas y más humorísticas, en las cuales una pareja nos puede decir: «Haz lo que quieras», y podríamos entender que, por el contexto y el tono en que lo ha dicho, no hay una plena libertad sin consecuencias para las decisiones que tomemos, sino que hay determinada intención y direccionalidad en esa frase; es decir, que, aunque el contenido digital hable de elección, el contenido analógico nos habla de consecuencias. Quizá el mensaje implícito podría ser: «Haz lo que te pido, y que parezca que ha sido una intención original tuya».

Pero incluso pueden existir otras escenas más discretas que pasan desapercibidas en nuestra vida cotidiana. Los terapeutas sistémicos recibimos con frecuencia a parejas que buscan terapia porque encuentran un total vacío y desorientación en el curso de la relación. Incluso pueden identificar que no ha existido un claro evento que haya desatado una crisis, sino que simplemente la desidia, el aburrimiento y el desencuentro se han apoderado de la pareja. Se trata de parejas que se respetan y se aprecian mutuamente, pero algo entre ellos se ha apagado y, por tanto, la vida conyugal es una especie de magro y monótono desierto.

Un fenómeno comunicacional que ocurre con estas parejas en terapia es que comienzan a identificar todas las veces en que dieron por supuestos los mensajes del *partener*, aquellas veces en que no clarificaron la comunicación, y en especial, en cómo el peso de las conductas (y no el de las palabras) fue lo que definió la relación. Estas personas fueron percibiendo un mensaje analógico de sus parejas, y fueron construyendo sus propias emociones y creencias a partir de ellos, sin preguntarse demasiado qué estaba ocurriendo y sin apuntar a objetivos conjuntos. Por ejemplo, cada vez que el agotamiento iba carcomiendo el entusiasmo por estar juntos, o cuando la cotidianeidad laboral aplastaba el placer conjunto, o como cuando veían pasar los días y problemas y nadie atinaba a destinar un tiempo a la pareja.

Por ello terminaron luego con una relación estable, pero vacía. Suele ocurrir que los cónyuges mutuamente se van dando cuenta de cómo hacían sentir al otro, casi sin percibirlo, e incluso cómo se fueron sintiendo y acostumbrando a leer los mensajes de la relación. El efecto sorpresa es que muchas veces uno de los dos creía estar en un determinado momento de la relación, sin ni siquiera registrar las vivencias del otro ni de cómo se estaba sintiendo.

Una última cosa que debemos saber sobre los mensajes analógicos: nunca son claros, ni es obvio su contenido, por eso parte del trabajo terapéutico consiste en establecer un equilibrio y conexión con los mensajes digitales. Nos toca el esfuerzo de establecer la máxima coherencia posible entre ellos, siempre recordando que no resulta posible hacerlo de un modo total y continuo.

1.2. El problema intrínseco de la comunicación

Hay más axiomas además de los mencionados en el apartado anterior. Todos ellos tienen la intención de definir una serie de reglas formales sobre la comunicación para que esta sea más comprensiva. Estas reglas son necesarias porque hemos entendido que la comunicación es maravillosa pero deforme, escurridiza y necesitada de un constante trabajo para que llegue al mejor puerto posible. Pero, además, hay dos problemas importantes que han complicado el trabajo para comprender la comunicación.

En primer lugar, la psicología y la mayoría de las ciencias de la salud han subestimado durante años el papel de la interacción y su importancia en la construcción de las psicopatologías. Siempre el interés estuvo puesto, por ejemplo, en comprender los factores que componen la personalidad, cuáles son los percentiles ideales de la inteligencia, el lugar de los traumas y las expresiones del apego, el significado de los sueños o la autoestima en las personas.

Todos estos son asuntos de suma importancia y merecen la atención que han recibido en estas décadas de estudio, pero en cierta medida se han postulado como la búsqueda del Santo Grial, como si, una vez definida y hallada la información faltante, podríamos solucionar muchos de los problemas humanos. La realidad es que hemos obtenido mucha información, y muy útil, pero los problemas y psicopatologías continúan existiendo.

En segundo lugar, las personas presuponemos que, al aprender a leer y a hablar, la comunicación ya está resuelta, y en realidad aquello es solo el comienzo. Así como el hecho de aprender a manejar un coche no implica que sepamos de mecánica, el hecho de que podamos intercambiar mensajes no implica que entendamos la comunicación. La familiaridad y cotidianeidad que tenemos con la comunicación nos da la falsa idea de que es un aspecto conocido de nuestras vidas y, por lo tanto, no vemos la necesidad de darle un tratamiento especial.

Este fenómeno de omisión es el mismo que ocurre, por ejemplo, con nuestro propio aliento y nariz, que están allí pero nuestro cerebro los hace casi imperceptibles para simplificar nuestro día a día. De la misma manera, las patologías de la comunicación están allí, frente a nosotros, pero estamos tan sumergidas en ellas que no conseguimos verlas y muchas veces las terminamos normalizando, sin identificar como atentan contra nuestra salud mental.

Con los problemas (que a veces pueden ser psicopatologías) las personas comienzan a reflexionar y a identificar que algo no va bien en la convivencia, y que el modo en que se comunican puede que no sea saludable. Existe una escena muy frecuente que suele ocurrir en las primeras sesiones de terapia sistémica: cuando un miembro de la familia, o de la pareja, presenta un síntoma que irrumpe por completo en la salud mental de todos los miembros, por ejemplo, con autolesiones, episodios de consumo de alcohol, provocaciones y puesta en riesgo, entre tantos síntomas posibles.

Las personas entonces comienzan a sospechar que la interacción en sus casas está contaminada de malentendidos y todo tipo de problemas.

Si un terapeuta pregunta «¿Por qué creen que tienen este problema?», los consultantes pueden decir cosas como «Es que no nos entendemos», «No hay comunicación», «Nos falta comunicación», «No tenemos dialogo», «No sabemos resolver los problemas», entre otras respuestas posibles. Todas ellas hacen alusión a que la comunicación se encuentra lesionada y con dificultades, pero que no saben exactamente qué ha ocurrido.

En general las personas, cuando piden asistencia en salud mental, lo hacen con cierta creencia de que los problemas psicopatológicos, o los síntomas, son a causa de factores biológicos o en su defecto, que son factores individuales intrapsíquicos, es decir, pertenecientes casi exclusivamente a la persona que expresa los síntomas y problemas.

Pero toda cambia cuando se promueve la idea de hacer terapia de familia o de pareja. El encuentro terapéutico con la familia hace que las personas rápidamente comiencen a pensar en que la interacción existente entre los miembros también es parte del problema. Ya no resulta tan firme la idea de que es la persona sintomática la que tiene el problema, sino que todos en ese sistema familiar y de pareja lo tienen. Suele ser más sencillo así comprender que la comunicación es una área en la que se debe trabajar terapéuticamente y de manera conjunta.

No basta con identificar nuestras emociones, regular las conductas, profundizar sobre los propios pensamientos, comprender nuestros contextos y dimensionar la historia de la que venimos; todo ese trabajo es muy noble y sumamente valorable, pero resulta que todo eso también debemos hacerlo con nuestros vínculos más próximos y, a su vez, ellos deben hacerlo con nosotros. Hoy sabemos que la salud mental es comunitaria y que la comunicación es un valor compartido que necesita un constante trabajo de atención.

A final de cuentas, no solo nuestro mundo interno construye la salud mental; lastimosamente no tenemos tanto dominio sobre nuestro bienestar, y somos más frágiles de lo que creemos a nuestro contexto y relaciones. Necesitamos de los otros para establecer una cotidianeidad que pueda lidiar de manera afectiva y respetuosa con los conflictos que puedan surgir a lo largo de la vida.

La manipulación es un claro ejemplo en el que se evidencia la fragilidad que tenemos. Nadie se libra de que, de manera unilateral, una persona en nuestras vidas pueda tomar la iniciativa de torcer la realidad, segmentar la información, ocultar evidencia, minimizar nuestras emociones o provocarnos y acusarnos por sus provocaciones, entre otras maniobras posibles de manipulación.

Para alcanzar la salud mental necesitamos la colaboración de muchas personas significativas en nuestra vida; pero, para ser manipulados y atravesar un profundo malestar, solo se necesita una persona decidida a sacar beneficio de nosotros sin importarle el costo que significa a nuestra salud. Por cierto, es momento de comenzar a comprender que todos somos manipuladores en alguna medida. Hablaremos de esto en los capítulos siguientes.

Para finalizar este capítulo dejo aquí algunas preguntas que pueden convertirse en un ejercicio comunicacional para dimensionar en qué situación se encuentran nuestras relaciones significativas.

1.3. Preguntas útiles para hacer en casa

- ¿Las decisiones importantes las toma siempre una sola persona? ¿El contexto de la familia explica por qué esa persona siempre decide por todos?

- ¿Las personas con las que convivo ofrecen un espacio seguro para decir lo que me pasa? ¿Yo hago sentir seguro a los otros con sus emociones?

- ¿Cómo afrontamos las conversaciones difíciles?

- ¿Después de una pelea podemos hablar de lo que ocurrió o dejamos pasar el tiempo y cambiamos de asunto?

2

DESMITIFICANDO LA MANIPULACIÓN

Ahora que hemos comenzado a hablar de la comunicación es momento de aclarar qué no lo es y qué sí lo es. Contextualmente (en esta década del 2020) el mundo de las relaciones de pareja y la vida de los solteros lleva un ritmo vertiginoso; los encuentros y desencuentros amorosos se cuentan a montones y en las consultas se reciben muchos temores, heridas y preocupaciones por todo lo que ocurre cuando se inicia o termina una nueva historia amorosa.

En los grupos de amigos se relatan semana a semana las desventuras que significa salir a primeras citas, las desventuras nacidas en las *apps* para conocer gente y todo tipo de experiencias sexuales con personas que se están conectando; es decir, en los tiempos actuales, hay muchas primeras veces con diferentes personas: primeros mensajes, besos, salidas, peleas, encuentro sexual. En ese caldo de cultivo es donde se producen las propensiones a nuevas formas de maltrato, de manipulación y de dependencia emocional. ¡Ojo! Esto siempre ha existido, pero ahora aparece con más frecuencia que antes.

A fines didácticos, el contenido de este capítulo consta de una serie de preguntas que serán respondidas.

2.1. ¿Qué problemas presentan hoy los pacientes cuando se trata de amor?

Tiempo atrás, digamos 20 años para no ir tan lejos, las personas tenían menos oportunidades de probar, explorar, conocer y prestarse a nuevas experiencias de pareja, algo que es completamente distinto en la actualidad; de hecho, como bien dice Bauman (2000, 2007), las posibilidades y cambios proliferan en el mundo moderno de tal manera que convierten a nuestra realidad en una constante inestabilidad líquida, donde no hay absolutamente nada seguro, mucho menos en el amor.

Es como si actualmente se presentara un problema por tener múltiples oportunidades, por la angustia que implica elegir. El propio Freud a inicio del 1900 ya teorizaba sobre el hecho de que tener oportunidades puede sonar como algo deseable, pero que no necesariamente implica plenitud, sino todo lo contrario. Un ejemplo propio.

A los 6 años, mi madre me daba una moneda de cinco céntimos para que me comprase alguna golosina en el patio de la escuela. Con ese dinero tenía dos opciones: o un caramelo de mora o una paleta de limón.

Mi rango de opciones era limitado, pero suficiente para mí. Sin embargo, cuando me encontraba frente al mostrador y veía todas las demás opciones, me preguntaba a qué sabrían cada una y si alguna vez podría probarlas. Mi consumo era rutinario, hasta que un día, por mi cumpleaños, mi madre me entregó una moneda de cien céntimos, con lo que el abanico de posibilidades se amplió considerablemente. Inicialmente yo estaba feliz por mi nueva capacidad económica y por saber que ahora podría probar muchas cosas nuevas, pero, al llegar al escaparate y dimensionar, podía elegir más cosas, pero no podía probarlas todas, y me comenzaron a atormentar preguntas como: «¿*Qué opción es la mejor?*», «¿*Cómo sé que me va a gustar lo que llevo?*», «¿*No será mejor llevar muchas unidades de mis firmes y conocidos caramelos?*», «¿*Qué pasa si me gusta algo que luego no podré volver a comprar?*».

Lo que a la distancia era un mundo atractivo y estimulante, llegado el momento de elegir, convivía la novedad y el placer por las nuevas realidades con la angustia y la presión por aquellas golosinas que no elegiría. Esta pequeña metáfora informa un poco de la situación actual que relatan muchos pacientes en terapia.

Es un debate abierto intentar responder qué es más adecuado: (a) tener pocas opciones y mantener una estabilidad, o (b) contar con variadas posibilidades pero que tengan tendencia a ser evanescentes. Aunque también queda la pregunta: ¿Más adecuado para qué?

En términos de salud mental, y haciendo uso de una posición de psicólogo y terapeuta, me inclino a considerar que tener abundancia de posibilidades y que las relaciones sean menos estables es un mal menor en comparación con el hecho de que antiguamente las personas se mantenían en una pareja sin importar el nivel de sufrimiento existente, ni de los maltratos sistemáticos que podían existir en los matrimonios saturados de mandatos. La adaptación al cambio perpetuo tiene mejor pronóstico que la rigidez de la repetición. Dejo un ejemplo en el que sostener una rígida convicción puede llevar a serios problemas.

En una ocasión trabajaba con una mujer adulta que se ponía en peligro constantemente en la elección de sus parejas, pues no tenía un criterio de preferencia, sino que tendía a gustarle cualquier hombre que le gustase de ella. Esto hacía que toda persona, incluso los predadores sociales y violentos potenciales, pudiera entrar en su vida si conseguía prestarle un poco de atención y hacer que se sintiera especial, aunque fuese un momento y aunque fuese falso lo que le prometían.

Al mismo tiempo, ella no conseguía controlar su ansiedad y su emoción por sentirse mirada por alguien, así que, cuando eso ocurría, rápidamente ofrecía todo lo que tenía para conseguir afirmar el vínculo, llámese tiempo, afecto, sexo o dinero. Todos sus recursos se ponían al servicio de la posibilidad de tener una pareja.

Luego de muchas sesiones, conseguimos hablar de su ansiedad e identificar que el miedo a estar sola y no ser especial para nadie le impulsaban a tomar decisiones que la ponían en riesgo, dejando de lado su prudencia e incomodidad con algunas situaciones que la advertían de que esas relaciones no eran saludables. Descubrimos que tenía una fe implícita en el matrimonio, que estaba muy enfocada en poder casarse, porque había abrazado la convicción de que, con una firma legal del registro civil y la aprobación de la Iglesia, la relación de pareja estaría blindada a cualquier cambio y que tendría a alguien que la acompañase para siempre, sin importar casi cómo se sentiría o qué clase de problemas tendría con las personas que conociese.

Era una suerte que ninguno de los pretendientes que tuvo le propusiera matrimonio, pues hubo muchas posibilidades de que ella aceptase, confiando en que así tendría una relación sólida y saludable. Visto a la distancia, el caso pareciera incluso responder a creencias irracionales, comunes en cuadros esquizofrénicos; pero no, era una paciente que no tenía ningún indicio clínico de desconexión con la realidad, solo estaba aferrada a un fuerte mandato que no había registrado como tal.

Las sesiones siguientes comenzamos a cuestionar de dónde venía esta fuerte convicción sobre las virtudes del matrimonio y por qué le confería tanta bondad. Así que, finalmente, consiguió ponerle palabras a una experiencia de infancia que conocía, pero que no había asociado con su problema actual. Ella se crio con sus abuelos, quienes se habían unido por un matrimonio forzado. Su abuelo tenía un alcoholismo con el que también podía ponerse violento los fines de semana y luego no recordar mucho de lo ocurrido el resto de los días.

Cuando ella recibía la violencia del abuelo, consultaba a su abuela porque no se habían ido de casa, y porque se quedaban con él. Su abuela, de manera muy firme, siempre le daba dos claras explicaciones. Primero, le decía que ella no sabía realmente cuánto se ha rehabilitado el abuelo, pues, antes de casarse, él bebía siempre, era violento todos los días y no trabajaba, mientras que en ese momento los problemas ocurrían los fines de semana y al trabajo jamás faltó, todo por la bondad del casamiento y compromiso. Segundo, que no solo se había casado con un hombre, sino que también se había comprometido con Dios, y que a él no podía fallarle, pues respetaba la orden de que «lo que Dios ha unido no lo separe el hombre».

Aunque racionalmente ella entendía que la justificación de su abuela no era sensata, emocionalmente se vio involucrada en una maltratante relación de pareja que le hacía creer que, aunque no fuese suficiente, las personas podían «mejorar» si estaban comprometidas. Por otro lado, cuando comenzó a tener múltiples experiencias de abandono por parte de parejas pasajeras, también comenzó a creer que la aventura de buscar pareja constantemente era muy desagradable y que le iría mejor sosteniendo una sola, aunque fuese un maltratador. Después de todo, tenía firmes experiencias en ello y era un campo conocido.

Las personas actualmente tienen más conflictos con el desencuentro, con la dificultad de sostener una pareja, con la decepción constante de no poder congeniar con nadie y con el desalentador pronóstico de que las relaciones duran cada vez menos tiempo.

2.2. ¿Cómo surge el interés por comprender la manipulación actualmente?

En esta década del 20 existe una generación de adultos (en especial los que han sido niños en los 90) que fueron criados con fuertes mandatos e intentan alejarse de ellos, y a la vez que viven en un mundo muy cambiante donde:

- Las parejas son mucho más fluctuantes que tiempo atrás.
- No se considera necesario el matrimonio para tener hijos.
- La paternidad se puede ejercer de manera individual.
- Casi nadie se imagina toda la vida en un mismo puesto laboral.
- Los matrimonios pueden finiquitar su compromiso.
- La proliferación del divorcio amplia la población de solteros.
- La expresión de la sexualidad y su experimentación tiene más matices.
- Las aplicaciones de citas masifican las ofertas de contacto con personas.

Con las realidades de los nuevos tiempos, las nuevas generaciones muestran cambios sustanciales en relación con las anteriores, principalmente porque han experimentado mundos diferentes. Esto es especialmente sencillo de ver en cómo se construyen los nuevos valores y creencias. Por ejemplo, las nuevas generaciones priorizan e invierten mucho más en viajes y cursos, lo que habla de un interés por acumular experiencias y por buscar placer; también muestran un marcado interés y valorización por el desarrollo personal y por la divulgación de la salud mental.

Estos dos últimos puntos, sumado a la vorágine de las redes sociales y a la creación de contenido de comunicadores (muchos de los cuales no son profesionales en la salud mental), da como resultado que exista una cantidad tan abrumante de información que puede resultar confusa y sobrealarmante. Está claro que la intención de difundir masivamente información sobre salud mental nace de una iniciativa noble y de prevención, lo cual es valorable, pero no significa que no traiga un nuevo tipo de problema: se eleva la ansiedad, se intensifica la persecución y baja la tolerancia a la frustración.

Las personas intentan tomar mayores recaudos y buscan cuidarse a sí mismas, pero muchos de ellos, por el bombardeo de información, generan posiciones intolerantes y defensivas a la hora de conocer a potenciales parejas. Como resultado, tenemos muchas personas procurando comprender y detectar todas las posibles señales que le den un indicio de peligro o de posible desilusión, para así abortar rápidamente cualquier empresa o apuesta afectiva con otro.

Con la nueva información, y por los nuevos intereses de cuidado, surgen muchos conceptos (aparentemente nuevos) que intentan definir todos los tipos de maltratos posibles y señalar todos los peligros que debemos tener en cuenta cuando estamos en la campaña amorosa de encontrar pareja. por estas circunstancias, en este momento, en medio de todas estas alarmas de prevención, surge un renovado interés por la manipulación, se señala como uno de los grandes males que atormenta a las personas a la hora de intentar construir pareja, y que es una amenaza constante por la que debemos estar siempre alerta.

La popularidad de la manipulación, como principal explicación a los fracasos amorosos, cobra cada vez más fuerza. Es como si todos los malentendidos y frustraciones se explicasen porque somos unas eternas víctimas de la manipulación que ejercen sobre nosotros. Es cierto que existe la maldad, pero no podemos considerar que siempre es la manipulación del otro la respuesta definitiva a todos los problemas que experimentamos en pareja.

2.3. ¿Qué se dice en las redes sociales sobre la manipulación?

Aquí surge una de las primeras confusiones posibles. En la divulgación popular actual existe una asociación entre la manipulación y la responsabilidad afectiva, lo cual no es del todo desacertado, pues podrían considerarse incluso sinónimos. Pero también son categorías diferentes y, aunque exista dicha relación, la manipulación es mucho más amplia a lo que intenta explicar la responsabilidad afectiva. A saber:

Manipulación psicológica	Responsabilidad afectiva
Ejercicio de control sobre otra persona, de manera sutil y coercitiva, instrumentando el contexto para provocar confusión en el otro	Habilidad social que permite ser honesto y empático, comprendido los límites para no utilizar al otro para el propio beneficio

Quien navegue por internet, específicamente por las redes sociales, y consiga ser captado por el famoso algoritmo direccionado a contenido sobre relaciones de pareja, salud mental, manipulación y responsabilidad afectiva, no tardará demasiado en encontrarse con muchos conceptos nuevos. El más sonado y popular es el de «tóxico». Por cómo se define, nos hace considerar que todos conocemos a un tóxico, que vendría a ser esa persona que parece que siempre genera drama, manipula o tiene comportamientos que terminan haciendo sentir mal. No necesariamente lo hacen de forma consciente, pero su forma de relacionarse termina siendo dañina.

Aquí una lista con los otros conceptos (en orden alfabético) que he considerado más populares en internet. Además, he añadido una explicación breve sobre qué significa cada uno:

- **Benching: mantienen a una persona como** un plan B. No quieren nada serio con ella, pero tampoco la dejan ir porque les gusta tenerla como opción por si nada más funciona.

- **Breadcrumbing:** Aquí la persona da migajas de atención, de allí lo de *bread,* por ejemplo, con un mensaje del tipo «Hola. Te echo de menos». Pero nunca se comprometen realmente, solo quieren mantenerse cerca por si acaso.

- **Caspering:** es como un *ghosting* amable. La persona desaparece, pero antes deja un mensaje como: «Creo que no estamos en la misma página. Cuídate mucho». No es lo ideal, pero al menos hay un cierre, aunque no es suficiente para la intensa historia vivida.

- **Cookie jarring:** significa ocupar el lugar de respaldo de una persona mientras busca algo mejor. Si no les funciona con los demás, recurren al respaldo.

- **Curving:** es un rechazo disimulado, que no se brinda directamente sino a través de respuestas evitativas o vagas para no comprometerse, pero tampoco ignoran del todo a la persona interesada.

- **Cushioning:** es similar a cookie jarring. La diferencia es que aquí se oficializa la existencia de una relación, pero igual no se deja de coquetear con otros, para tener un colchón si las cosas no funcionan.

- **Eco-dumping:** es propia del contexto moderno. Una persona termina la relación con otra, no por motivos personales de la relación, sino porque se encuentran con valores ambientales diferentes, como no reciclar o usar demasiado plástico. Es aplicable a muchas otras causas sociales.

- **Firedooring:** es lo que ocurre cuando la relación solo funciona cuando a una de las dos personas le conviene.

El término proviene de los sistemas de apertura de las salidas de emergencias, que solo funcionan en una dirección, para resaltar la unilateralidad del hecho.

- **Gaslighting:** este concepto es anterior al auge de las redes sociales. Tiene más peso académico y está registrado en diversos textos de psicoterapia, por ser netamente manipulador. Ocurre cuando una persona intenta hacer perder la cabeza a otra cuestionando sus recuerdos o sentimientos. Por ejemplo: «Eso nunca pasó, estás exagerando». El objetivo es hacer dudar a la persona de sí mismo, incluso de las percepciones más elementales.

- **Ghosting:** es de los conceptos más antiguos y consiste en desaparecer repentinamente de la vida de la otra persona. Por ejemplo, cuando dos personas se conocen, todo va bien, muestran algún grado de interés mutuo y, de repente, uno de los dos se esfuma, dejando al otro en un plano confusional sin comprender que está pasando. Sin explicaciones, ni respuestas.

- **Ghostlighting:** es una perversa combinación de dos técnicas de manipulación conscientemente ejecutadas. Primero se aplica *ghosting* y luego, al intentar retomar la relación, el que desapareció no da una explicación convincente, sino una acusación a la persona que fue dejada, torciendo la realidad con frases como: «Yo nunca me fui» o «No entiendo por qué estás molesto/a». Se busca que la persona abandonada se sienta culpable por algo que no hizo.

- **Haunting:** esto ocurre cuando alguien del pasado hace pequeñas manifestaciones de su presencia, pero nunca de manera directa. La persona del pasado no abre conversaciones ni inicia un tipo de contacto, pero sí da señales como dar *likes,* haciendo saber, intencionalmente, que te está observando, como si estuviera acechando.

- **Hoovering:** el mecanismo de acción es equivalente al de una aspiradora. Ocurre cuando una expareja intenta reintroducirte en su vida, pero no a través de una propuesta formal, sino a través de la nostalgia, promesas de cambio o compartiendo sus dificultades actuales para recibir ayuda, todo de modo unilateral.

- **Love bombing:** se da al inicio de las relaciones. Una persona, de manera intensa e incesante, llena de regalos, mensajes y atenciones a la otra. El objetivo es sobreestimularla y provocar la fascinación y la vivencia de haber alcanzado un estado de pareja soñado. La intención es poder obtener algo de esa persona, por ejemplo, sexo, y luego desecharla.

- **Orbithing:** se da cuando la otra persona corta la comunicación, pero continúa presente en la vida virtual, por ejemplo, reaccionando a las fotos de la otra persona, pero sin involucrarse. Se mantiene en la órbita, pero sin acercarse realmente.

- **Pocketing:** se define por el hecho de que una persona hace a su pareja parte de su vida, le comparte sus problemas o incluso su economía, pero la mantiene fuera de su vida social y familiar. El vínculo puede ser profundo en la intimidad, pero incompleto en la exterioridad.

- **Red flag:** funciona como un tipo de alarma. Son las actitudes y comportamientos que despiertan la atención porque podrían ser previsiones de problemas futuros. Por ejemplo, que alguien sea celoso o tenga problemas de ira desde el principio.

- **Situationship:** se caracteriza por la indefinición de la relación. Las personas involucradas no son amigos, pero tampoco son pareja. Es innegable que existe una historia entre las personas, pero ninguno lo define claramente.

- **Slow fade:** es un tipo de *ghosting,* pero que ocurre de manera lenta. Sin explicación la comunicación va disminuyendo poco a poco hasta que desaparece por completo.

- **Stashing:** una de las personas jamás presenta a la otra con sus amigos, familia o redes sociales. Pareciera esconderla del mundo y que se conozco el vínculo entre ellos.

- **Zombing:** es una conducta posterior al ghosting. Luego de desaparecer, la persona retoma el vínculo como si nada hubiera pasado, o al menos sostiene conductas, dejando el mensaje implícito de que esa desaparición no tiene ninguna importancia.

Si el lector se ha dado al trabajo de leer cada uno de los conceptos, notará que hay muchos muy similares, que parecieran incluso ser sinónimos, o al menos, el parecido es tal que resulta muy difícil comprender las diferencias, si es que existieran. Esta es una de las dificultades que surgen por la sobrecarga de información, la saturación de esta y una confusión al respecto.

Por este motivo, y por la experiencia en trabajos de investigación basados en el análisis de contenido, considero oportuno que se produzcan nuevas categorías que agrupen y representen a todos los conceptos anteriores, con el objetivo de ofrecer mayor claridad. Por ello, se invita a los lectores a que puedan leer el contenido de la siguiente tabla, donde se proponen las categorías más amplias para la comprensión de la ola de conceptos.

Categoría	Concepto	Definición
Desapariciones y egresos: destacan los contactos intermitentes, como si de fantasmas se tratara.	Ghosting	Desaparecer sin explicación.
	Ghostlighting	Desaparecer y luego manipular para negar el abandono.
	Zombing	Regresar después de un *ghosting* como si nada hubiera pasado.
	Caspering	*Ghosting* pero dejando un insuficiente mensaje de cierre.
	Haunting	Aparecer ocasionalmente en redes sociales después de cortar comunicación.
	Slow Fade	Desaparecer reduciendo la interacción gradualmente.
Manipulación y control: relaciones con una segunda intención de dominación.	Gaslighting	Hacer que la otra persona dude de sí misma y sus percepciones.
	Love Bombing	Abrumar de afecto para enganchar y controlar.
	Hoovering	Intentar recuperar a alguien con estrategias manipuladoras
Relaciones de segundo plano: se trata a la persona como una opción secundaria y existe mucho desequilibrio	Benching	Mantener en reserva a una persona mientras se exploran otras opciones.
	Cushioning	Flirtear con otros mientras están en una relación para tener un colchón.
	Firedooring	Relación completamente unilateral, solo funciona cuando a la otra persona le conviene.
	Breadcrumbing	Dar señales mínimas de interés para mantener el enganche, pero sin compromiso.

Categoría	Concepto	Definición
Relaciones indefinidas o superficiales: carecen de compromisos, claridad y seriedad	*Situationship*	Ser algo más que amigos, pero menos que pareja, sin una definición clara.
	Curving	Rechazo indirecto o evasivo, evitando compromiso, pero sin terminar la relación.
	Stashing	Esconder a la pareja de amigos, familia o redes sociales.
	Pocketing	Mantener a alguien fuera de tu vida pública o social.
Interacciones digitales ambiguas: juegos intermitentes en las redes sociales	*Orbithing*	Seguir presente en las redes sociales del otro (viendo historias o dando *likes*) pero sin hablar directamente.
	Breadcrumbing	Dar señales mínimas de interés para mantener el enganchado, pero sin compromiso.
Relaciones modernas con giros inesperados: dinámicas que reflejan comportamientos influenciados por la cultura actual	*Eco-dumping*	Terminar una relación por diferencias en valores ecológicos (o similares).
	Cookie Jarring	Usar a alguien como plan de respaldo mientras buscas algo mejor.

2.4. ¿Es recomendable que existan tantos términos?

No lo es. Claro que todas las intenciones por comprender nuestras conductas y detectar los peligros que nos rodean son recomendables, pero, si existe una sobrecarga de información alrededor de la manipulación y de la responsabilidad afectiva, el resultado es una confusa y similar catarata de conceptos que se vuelve difícil de instrumentar.

También resulta utópico pensar que se puedan catalogar todas las conductas que reflejen algún tipo de manipulación o irresponsabilidad afectiva. De hecho, en salud mental, cuando existen tantas etiquetas y definiciones, se corre el riesgo de segmentar y convertir el conocimiento en acusaciones e insultos.

Por otro lado, cuando se intenta inventariar la conducta humana, se convierte en mecánico el proceso de comprensión y se tiene la falsa vivencia de que existe alguna especie de manual para controlar la conducta humana. Además, cuando se sobretecnifican las relaciones, se vuelve sencillo perder la escucha y empatía de los detalles, contextos e historias que terminan de dar sentido a las personas y sus conductas.

2.5. Entonces... ¿qué es manipulación?

Como todo concepto complejo, no existe una única definición de manipulación. Aunque es cierto que todas las definiciones tienen grandes coincidencias, existen puntualizaciones y detalles que las diferencian.

En un sentido amplio, la manipulación es el acto de manejar e influir en alguien buscando un objetivo específico y deseado. Con esta definición no pareciera existir un problema, incluso podríamos pensar que la manipulación es el principio de la educación, y algo de cierto hay. Pero la manipulación problemática que nos interesa no se restringe solo a la influencia de una persona por sobre otra, sino que es un tipo de relación que se caracteriza por la unilateralidad del beneficio, la instrumentalización del otro y sus recursos, el uso de la culpa y el castigo como medidas de control, y que todo ello no ocurra de un modo escandaloso ni demasiado explícito, pues la gran herramienta de la manipulación es la sutileza con la que se aplica.

La manipulación no es incidental, sino que es una influencia deliberada sobre la percepción y las emociones de otra persona, utilizando estrategias engañosas y encubiertas para alterar sus conductas. Pero, además, a nivel comunicacional, no se comparte toda la información ni se cuenta con el consentimiento del otro. El asunto se puede agravar hasta instancias de preocupación clínica si existe un patrón sistematizado que consiste en que la persona manipuladora utilice la coerción emocional para satisfacer sus propias necesidades.

La manipulación se hace efectiva en las interacciones, las cuales tienen reglas explícitas e implícitas, que a su vez también pueden ser modificadas por la persona manipuladora para sostener su posición de poder, por ejemplo, distorsionando y suprimiendo información relevante para la toma de decisiones.

Queda el aspecto psicopatológico de la manipulación. En el trastorno antisocial y el trastorno límite de la personalidad, se emplean mecanismo de control contextual para compensar el sufrimiento interno. En el trastorno narcisista se hace para conseguir y sostener la admiración y dependencia de otros para reafirmar la grandiosidad o evitar quedar en evidencia. Por último, queda el frío y desconsiderado cálculo emocional que puede implementar un psicópata con el objetivo de sacar el máximo provecho, sin importar las consecuencias posibles. El aspecto psicopatológico de la manipulación merece mayor desarrollo, lo que se hace en los próximos capítulos.

Escribe Mata (2008, pág. 26): «La manipulación deja a una persona o grupo literalmente atrapados en manos de otro, como queda una presa en las garras de su depredador».

2.6. ¿Todos somos manipuladores?

Sí, todos lo somos. En menor o mayor medida todos ejercemos una cuota de poder para vernos beneficiados a expensas de otros, para torcer la realidad a nuestro favor, salir indemnes de una situación o cualquier otro objetivo personal buscado.

La manipulación tiene carácter de cotidianeidad y es un recurso que se encuentra a la mano de cualquiera que se empeñe en ejercerla y pueda asumir el costo de romper el límite y consentimiento del otro. Pero que todos podamos ser manipuladores no implica que todos somos potenciales psicópatas ; ni siquiera nuestros ex, de ellos tampoco tenemos la certeza del diagnóstico posible.

Siempre resulta necesario comprender el contexto, la historia, la definición de la relación y las motivaciones de las conductas manipuladoras, o de aquellas conductas que sospechamos tienen su intención manipuladora. El significado de los mensajes siempre está condicionado por más factores, no solo por sus contenidos.

Por ejemplo, cuando los niños no quieren comer verduras, ¿qué hacen muchos padres? ¿Llaman a una asamblea familiar democrática? ¿Solicitan un plebiscito? Existe la posibilidad que muchos padres consigan conectar y educar a sus hijos para que coman las verduras, pero otros prefieren caminos más engañosos: licuar la verdura para que se camufle su sabor, picarla muy pequeño para que no se sienta, e incluso mentir diciendo que no tiene verdura.

¿Es eso un acto manipulador? Sí. ¿Hay un objetivo siniestro de beneficio personal? No. ¿Existe una motivación noble, como el cuidado nutricional? Sí. ¿Justifica la práctica manipuladora? No. ¿El contexto explica la aplicación del engaño? Sí. ¿Es recomendable este tipo de ejercicios educativos? No.

2.7. ¿Existe una manipulación bondadosa?

No. En reiteradas situaciones (sociales y terapéuticas) me han consultado si es posible que se intente manipular en beneficio del otro. La realidad es que sí, pero eso no reviste de bondad a la práctica del engaño, ya que, por más altruista que sea la motivación, en la manipulación se reduce y minimiza la posición del otro, desestimando sus recursos, capacidades y necesidades.

Puede existir una motivación noble por la cual engañamos, mentimos y ocultamos, pero siempre es un riesgo y un potencial problema, que no se construya el mayor acuerdo y construcción compartida de la realidad con el otro.

En muchas ocasiones he tenido padres en consulta que me dicen: «Lo hacemos por su bien» o «Haciéndolo así no nos ha ido mal». Quizá en términos de resultados conseguidos, la metodología de la manipulación fue eficaz, pero en términos de salud y relación siempre vale la pena cuestionarse qué empatía y confianza se está construyendo.

2.8. ¿Si no tengo la intención de manipular soy manipulador? ¿Soy manipulador si no me percibo manipulador? ¿Es manipulación si es inconsciente?

Cuando las personas comienzan a leer sobre la manipulación y resuenan con su contenido, es frecuente que se hagan estas preguntas. La respuesta directa es que sí. Aunque no se tenga la intención de manipular, y aunque el manipulador no se perciba como tal, el acto insidioso de control no deja de ser manipulación.

No se requiere que el manipulador autorice la definición del acto para que sea válido definirlo, de la misma manera que no se necesita la confesión de un asesino para determinar que existió un crimen.

Pero tampoco se puede acusar abiertamente a cualquier persona de manipuladora y que eso solo baste para tener una sentencia, sino que nos toca comprender el tipo de relación existente y los acontecimientos que ocurrieron para definir a posteriori qué tipo de conducta y trato existente.

También puede ocurrir que una persona no dimensione el efecto de sus actos de control, que no se haya tomado el tiempo de comprender las emociones que está despertando en el otro, que simplifique los posibles dolores que está ocasionando, que suponga que el objetivo final es superior a cualquier proceso (por más sufriente que sea), o que disocie las consecuencias de sus conductas.

Otra posibilidad es que una persona tenga completamente naturalizadas e incorporadas las conductas manipuladoras por parte de su familia, y por ello, no las detecta como tales, ya que por vivir constantemente con ese tipo de manejos se ha enajenado de su trasfondo violento.

Por último, no se puede acusar de manipulación a alguien que no cumple nuestras expectativas afectivas, o porque se muestra frío e indulgente frente a nuestros deseos. La clave está en comprender el tipo de contrato que tengo con la otra persona, la relación de poder existente, y si existen motivos y objetivos compartidos.

3

PARA COMPRENDER LA MANIPULACIÓN EN CASA

En el capítulo anterior se ha definido la manipulación y algunos detalles que comienzan a aclarar el concepto, pero los terapeutas no nos valemos solamente de la comprensión y memorización de un concepto para poder intervenir y conseguir cambios, sino que debemos valernos de algunos componentes más. De todos los posibles, sugiero iniciar por cuatro variables para reflexionar y poder dimensionar nuestras conductas. Puntualmente me refiero a la definición de la realidad, la comunicación existente, la estructura y el poder en las relaciones, y los juegos sucios de la familia.

3.1. La definición de la realidad

Comprender nuestra realidad y definirla es un trabajo constante, y por lo tanto sumamente agotador; incluso puede ser indeseable reconocernos bajo el eterno compromiso de asumir nuestras conductas y contextos que construyen el día a día.

Por ello nuestro cerebro humano también responde a nuestra realidad de manera limitada. Las funciones cerebrales no trabajan absorbiendo y definiendo nuestra realidad constantemente, sino que segmenta los *inputs* y distribuye según nuestras posibilidades. Por ejemplo, no captamos toda la información que nos rodea, no percibimos sensorialmente todas las señales que envía y recibe nuestro cuerpo, así como tampoco tenemos bajo nuestro alcance todos nuestros recuerdos y memorias, pues tenemos una capacidad limitada de comprensión.

En la vorágine de nuestra vida cotidiana, a veces caemos en una trampa que nos tendemos a nosotros mismos: creer que la realidad es una. Esto lo hacemos porque así es más sencillo administrar la cantidad de estímulos y problemas que surgen por el hecho de que la realidad es múltiple, pero a veces nos cuesta asimilarlo. Entonces creemos que todo es más obvio y sencillo de lo que parece.

Desde nuestra experiencia cotidiana, y a partir de la información que nos brindan nuestros sentidos, la realidad pareciera ser evidente y a veces incuestionable, pero los filósofos predican, desde hace centenares, una fuerte campaña por promover la idea de que la realidad no es tan clara o estable. Vale la pena abrazar esta postura, aunque inicialmente pueda sonar irrisorio.

Primero nos toca identificar que existen componentes materiales de nuestra realidad que son los más firmes y sólidos. Por ejemplo, imaginemos que vamos de turismo caminando por una ciudad con nuestra familia y todos vemos un gran e imponente puente de piedra antiguo que forma parte del paisaje. Este puente es incuestionable en ese momento y pertenece a un grado de percepción compartida.

Ahora bien, ¿qué ocurre si la familia habla de ese viaje un tiempo después y nadie, excepto el pequeño de la familia, recuerda el puente? No hay fotos ni vídeos que lo comprueben, y todos los adultos del grupo consideran que es esperable que un niño de cinco años se confunda y tenga recuerdos borrosos, por lo que asumen que el puente no existe, o que pertenece a otra ciudad.

En este caso la comprobación es sencilla, pues buscando alguna fuente de información externa se resuelve la conjetura de si existe o no del puente; pero si además el puente no forma parte de la vida cotidiana de la familia, entonces se convierte en una anécdota irrelevante.

Ahora pensemos por un momento que no se trata de la memoria perdida sobre un eventual puente, sino que se trata de algo mucho más fundamental para la salud mental como un evento psicológico, por ejemplo, una infidelidad, un síntoma, un episodio traumático, una emoción, entre otras posibilidades. Sumemos el hecho de que tal vez no exista una fuente de información externa que corrobore el hecho, sino que solo se cuenta con las vivencias de las personas, sus recuerdos, sus heridas, pero también con el acompañamiento, aprobación, negación o censura de las otras personas sobre determinado hecho psicológico. Por eso la realidad, en términos de psicología y salud mental, es mucho más maleable, para bien y para mal.

Los terapeutas de familia y pareja sabemos que, a nivel de las relaciones humanas, la realidad no solo puede autodeterminarse, sino que en gran parte la realidad es compartida y necesita del trabajo conjunto de los otros para definirla y mancomunarla, o al menos para tolerar las diferencias existentes. Volvamos al ejemplo del puente y ahora partamos del supuesto de que todos lo recuerdan. ¿Todos recuerdan y evocan lo mismo?

La madre de la familia es aficionada a la historia y arquitectura y observa con detalle cómo se trata de un puente romano en perfectas condiciones. No puede evitar sentir la emoción por el puente y la profunda frustración porque nunca consiguió estudiar arquitectura, por lo cual se entristece y llora, aunque no está segura si es por eso o el estrés cotidiana y la mala relación que tiene con el padre de sus hijos, con quien no comparte sus emociones, ya que no confía en él.

El padre de la familia observa el puente con nostalgia, pues le recuerda al pueblo de su juventud y a una antigua novia con quien además tenía una química sexual muy fuerte. Es algo que extraña profundamente, ya que, en la actualidad, con su esposa reina el desencuentro y se siente completamente rechazado, sumado a que discuten constantemente y se ha vuelto intolerante a las emociones de ella, pues nunca comprende bien de dónde vienen y se siente culpable por ello.

El hijo de la familia es indiferente al puente en sí mismo, pues en principio no quería viajar porque conoce desde hace años las discusiones de los padres y lo sencillo que es convertir cualquier momento en un problema. A su vez identifica la presión de sus padres al pedirle que se lo pase bien, pues ha costado mucho pagar las vacaciones y debe aprovecharlas, emocionándose con el puente por pedido de la madre y siendo cómplice en no entender a las mujeres por pedido del padre. No está de acuerdo con ninguno y esto le vale descalificaciones de ambos.

Por último, al pequeño de la familia le parece divertido el puente, ya que no es una estructura que haya visto de manera cotidiana. Le recuerda un poco a los paisajes de piedra que observa en su serie de dibujos favorita, por lo que juega un poco recreando un capítulo. Pero nota a su madre absorta por lo que ve, a su padre indiferente con la escena y a su hermano con una actitud pesimista. Él se mantiene entusiasta, pero reconoce el clima emocional, por lo que tampoco se mantiene muy tranquilo y cada vez se muestra más ansioso, lo que lo convierte en una bomba de tiempo para la aparición de una discusión parental.

Sin duda los miembros de la familia estuvieron en el mismo puente, ese nivel de la realidad está declarado, pero ¿a nivel psicológico todos estuvieron en la misma realidad? ¿Tuvieron las mismas vivencias? El puente no es solo un puente, y esto ocurre con la realidad que buscamos definir. No solo importa lo que percibimos sino también cómo nos sentimos.

Los manipuladores comprenden esta lógica y, en caso de necesidad, no dudan en alterar todas las capas de realidad que necesiten para cumplir su objetivo. Buscando incidir en la realidad psicológica de las personas, como por ejemplo minimizando sus vivencias, imprimiendo culpa, impostando y exagerando las emociones para obtener un resultado en particular o redireccionando ideas a partir de una calculada descalificación. Pero también pueden llegar a intentar alterar los aspectos más elementales de la realidad para hacer dudar al otro de que vio lo que vio o que escuchó lo que escuchó, pero no bajo una amenaza sino, por ejemplo, hacer de cuenta que no ha ocurrido nada.

3.2. La comunicación como vehículo

Hace un tiempo trabajaba en terapia con una mujer joven adulta, universitaria, quien llegaba con mucho agotamiento a la consulta porque convivía con una hermana dos años menor, la cual había desarrollado un trastorno límite de la personalidad muy disruptivo e intolerante frente a cualesquiera situaciones estresantes. Su hermana siempre ponía en riesgo su vida, realizaba fuertes acusaciones contra su familia, reclamaba justicia y denunciaba abandono por parte de todos ellos. El día a día era muy estresante, ya que en cualquier momento podía ocurrir un serio conflicto.

Aunque la paciente tenía motivos para sentirse perjudicada por la hermana, también sentía mucha culpa por la situación en la que esta se encontraba. Su hermana había revelado una historia de abuso sexual reiterado que vivió cuando eran pequeñas por parte de una expareja de la madre. Al momento de la revelación ella no mostró una gran sorpresa, no le pareció nada extraño lo que le contó, en especial porque de manera retrospectiva resignificó muchas cosas de aquel hombre abusador.

Aquel hombre jamás había abusado de mi paciente, ella estaba completamente segura. Nunca se había sobrepasado, ni siquiera en broma; por el contrario, más bien fue bondadoso, empático y protector con ella. Pero al conocer el lado oscuro de esa persona tampoco se sorprendió, porque sí recordaba que en las charlas íntimas que tenían el abusador aprovechaba para descalificar y minimizar a su hermana, dejándola en ridículo y etiquetándola de mentirosa y confabuladora. Por eso, cuando la hermana manifestaba algún tipo de malestar, rápidamente ella y su madre consideraban que era simplemente la personalidad problemática con la que había nacido, porque era lo que el abusador les enseñaba. Para dar validez a sus palabras, sostenía una conducta intachable y difícil de cuestionar.

Mi paciente y su madre tenían firmes pruebas de las cualidades que ese hombre mostraba y que lo amparaban, por lo que los síntomas de sufrimiento que expresaba la hermana eran muy incomprendidos por todos, incluso catalogados como berrinches de niña malcriada y malagradecida. Todas las mujeres de la familia fueron víctimas del sistemático engaño de un manipulador, que no recurría a la amenaza ni a la violencia, sino a la triangulación y segmentación de la información, manejando variables de poder y vendiendo pantallas de humo que encubrían sus perversos actos.

La culpa que experimentaba mi paciente era porque se sentía la cómplice involuntaria de un crimen. Pero en su etapa adulta se había dado la posibilidad de dudar de las bondades de aquel hombre, así como empatizar y comenzar a creer que su hermana no estaba simplemente encaprichada, sino que tenía serios motivos para sentir que fue abusada por él, perodesprotegida por todos.

Las cosas mejoraron drásticamente para todas ellas cuando comenzaron a ubicarse en la misma página de la realidad. Las tres identificaron que fueron víctimas de un abusador y que lo ocurrido entre ellas fue, en gran parte, el producto de lo que aquel hombre quiso. La madre asumió sus limitaciones y se hizo cargo de la ceguera que sufrió, pero sin culparse ni martirizarse por el abuso de la hija. La hermana agredida comprendió que su familia también estaba atrapada en la red de mentiras y que, aunque le hubiera gustado ser protegida, no se trató de un abandono con total consciencia de situación. Por otro lado, mi paciente identificó el lugar de privilegio en que la pusieron y desde el cual no conseguía comprender a la hermana, y así ocupar un espacio más igualitario y de compañía.

Este ejemplo es uno de más de miles que se cuentan en las consultas de psicólogos, donde conseguimos ver los hilos de la construcción de los problemas. En un plano simplificador (y acusador) podríamos pensar: ¿cómo no se dieron cuenta lo que estaba pasando? ¿Por qué no entendieron los pedidos de la hija? ¿Qué clase de madre prioriza a un hombre antes que a una hija? ¿Cómo es posible que la hermana no haya dado lugar? ¿En qué pensaban para dejarse engañar así?

Como observadores externos, resulta sencillo juzgar y señalar, pues la realidad pareciera obvia. A veces leemos la realidad del otro como si fuéramos comentaristas que ven un partido de fútbol desde una cómoda cabina donde se puede ver con facilidad cuales son las mejores jugadas que se tendrían que hacer. ¿No conocen acaso a aficionados que montan en cólera y frustración porque su equipo no hace lo que es obviamente mejor desde sus televisores? Los mismo nos ocurre cuando hablamos de los problemas sin empatizar con las personas.

Para la vida psíquica, la realidad se construye a través de las palabras y de cómo elaboramos las narraciones de nuestras vivencias. Todo lo que ocurre en nuestra vida intrapsíquica tuvo su origen en el mundo relacional, donde la comunicación es el vehículo por el cual compartimos y mediamos la realidad con los otros.

Por ello los psicólogos sostienen que comunicar no solo sirve para comprender nuestra historia, sino para, literalmente, cambiar nuestra realidad. La comunicación sirve también para comprender que somos imperfectos y que habitamos en un mundo con otras personas imperfectas a las cuales necesitamos. Por eso la salud mental no es solamente un acto de voluntad, donde debemos hacer siempre el esfuerzo por amarnos más y entender mejor, sino que también es comprender nuestras limitaciones y aceptar las rupturas existentes en nuestra historia. Potencialmente todos podemos manipular y ser manipulados.

3.3. La estructura y el poder

El modo en que nos relacionamos con nuestros afectos no es azaroso, tampoco vivimos improvisando en nuestras relaciones significativas. A veces de manera implícita, y un poco camuflada, en los vínculos se observa cómo respondemos a una estructura familiar que hemos incorporado y a ejercicios de poder que nos resultan conocidos.

Los terapeutas familiares han puesto interés en comprender la estructura familiar desde el primer momento, pues han postulado que gran parte de los problemas humanos se dan por el modo en que se organizan las familias. En mayor o menor medida todas las familias tienen cierta organización que define las relaciones, como así también todos comprendemos cómo funciona el poder en nuestras familias sin que nadie nos haya dado una clase sobre ello.

Con el poder las personas consiguen sus objetivos, ya sea imponiendo su voluntad a la fuerza o influenciando en las personas para que obedezcan. El poder tiene varias caras y formas, pero, cuando se ejerce de manera repetida, construye una pauta, que a su vez construye una regla, que a su vez construye la estructura de la familia.

Comprender estas dos variables (estructura y poder) nos ayudará a dimensionar cuáles son los botones en los que somos fuerte y vulnerables cuando nos encontramos frente a la influencia de los otros. Lastimosamente si un manipulador también comprende estos puntos sobre nosotros también puede instrumentarlo a su favor.

Como ejercicio práctico aquí encontrarán una serie de preguntas que se pueden hacer en terapia para entender mejor la estructura y el poder en las familias, y que vale la pena que podamos hacérnoslas.

 ### 3.3.1. SOBRE LA ESTRUCTURA FAMILIAR

- ¿Cuáles son las reglas no escritas de tu familia?

- ¿Qué consecuencias crees que hay para quien las rompe?

- Si tuvieras que definir con una (o con muy pocas palabras) el rol principal de cada miembro de la familia, ¿qué dirías de cada uno?

- ¿Cómo se reparten las obligaciones de la casa?

- ¿Quién toma las decisiones importantes? ¿Por qué lo hace esa persona?

- Todas las familias tienen una jerarquía. ¿Cómo se evidencia la que existe en la tuya?

- ¿Los límites en tu familia son claros? ¿Lo son para todos? ¿Se respetan?

- ¿Cómo describirías los ingresos y egresos de personas en la familia?

 ### 3.3.2. SOBRE EL PODER EN LA FAMILIA

- ¿Cómo se resuelven las discusiones? ¿Hay alguien que define cuándo acaban?

- ¿Reconoces si alguien tiene más influencia sobre los demás? ¿Cómo lo consigue?

- ¿Qué ocurre si alguien toma una decisión unilateralmente?

- Si alguien desafía la autoridad, ¿qué hacen los demás?

- ¿Qué pasa cuando alguien no está de acuerdo con la mayoría?

- ¿Existen alianzas entre algunos miembros de la familia?

- ¿Qué hacen frente a una injusticia ocurrida en la familia?

- ¿Cómo se lidia con el enojo y la frustración en casa?

En general, una persona manipuladora se encuentra especialmente atenta a comprender los detalles de estas variables, sus aplicaciones, sus cambios y cómo instrumentar esta información para sacar mayor provecho.

3.4. Los juegos sucios en la familia

No podemos creer que la familia es siempre un lugar seguro y confiable; por el contrario, los terapeutas de familia han asimilado hace mucho que dentro de estos grupos no solo prevalecen las reglas y el orden, sino que también existen conductas que, intencionadamente, rompen los convenios (explícitos e implícitos) existentes. Dice un viejo dicho: hecha la ley, hecha la trampa.

Como seres humanos muchas veces nos motiva el afán de concentrar poder, por ejemplo, cuando le decimos a alguien lo que tiene que hacer, cuando buscamos tener razón a toda costa, o cuando aprovechamos un momento de vulnerabilidad del otro para aplicar cierto castigo, u ocultar y evitar algunos temas, entre otras posibilidades.

Los juegos sucios en la familia aparecen cuando el grupo se ha habituado a un estado frecuente de conflictos y ningún miembro abandona la posición que los ha llevado a la discusión, y por ello, comienzan a ampliar sus posibilidades de dominio sobre el otro, en especial cuando empiezan a notar que las disputas frontales son cada vez más inertes. Este tipo de juegos son comunes a todas las familias, aunque son más frecuentes en familias que no solo viven sus problemas, sino que también los manipulan a su favor.

Aquí algunas preguntas posibles para comprenderlo en nuestras familias:

 ### 3.4.1. SOBRE LOS JUEGOS SUCIOS

- ¿Predominan las discusiones frontales o tienden a expandirse indirectamente hasta convertirse en rumores de pasillo?

- Cuando dos personas discuten, ¿cómo de sencillo es que comiencen a involucrar a otros miembros de la familia?

- ¿Las personas que discuten repiten los mismos argumentos en todas las discusiones, por más que sean problemas distintos?

- ¿Los problemas familiares se resuelven o se disuelven en el tiempo al prestarles cada vez menos atención?

- ¿Suelen haber pedidos contradictorios? Por ejemplo, alentar a que se hable de algo y luego castigar si se habla.

- ¿Hay personas que buscan aliados de manera casi secreta? ¿Cómo lo hacen?

- ¿Existe la explotación del chantaje y la culpa como argumentos en una discusión?

- ¿Hay bandos rivales en la familia? ¿Qué ocurre si se intenta cambiar de equipo?

- ¿Qué pasa si alguien trata un asunto restringido o prohibido en la familia?

El apartado de los juegos sucios en la familia es la muestra más clara de que todos podemos manipular a otros para poder salirnos con la nuestra, que podría ser recibir el menor castigo posible, dominar el argumento de nuestro oponente, intentar aplicar revancha desde un lugar de total poder o mostrarle al otro que está equivocado.

Pero también debemos aclarar que este tipo de conductas, en la mayoría de las personas, no necesariamente nace de la perversión total y la pura ambición por poder controlar a los otros, sino que es mucho más probable que todo este juego perverso nazca de las costumbres familiares que no nos hemos cuestionado y de la inercia con la que vivimos el día a día sin dimensionar nuestras conductas.

4

PACTOS, SECRETOS Y LEALTADES FAMILIARES

Todos comprendemos la capacidad de provocar daño que tenemos las personas y cómo, a través de los años, hemos demostrado el gran alcance que tiene esta capacidad destructiva. Guerras, crímenes, genocidios, abusos y todo tipo de terrores expresan la violencia con la que convivimos. ¿Esto solo ocurre en un nivel macrosocial o pueden existir versiones microfamiliares de este tipo de daños? Sí, pueden, y a montones.

Aunque suene muy drástico, y hasta dramático, no podemos creer que la familia solo respira y construye bondad y protección. Las tragedias antes mencionadas también pueden aparecer en todas las familias. Los terapeutas familiares nos encontramos a diario con cientos de historias que nos muestran la crudeza y el maltrato psicológico que puede habitar en las relaciones significativas de las personas.

La violencia puede volverse una vivencia cotidiana en la vida de las personas, y no siempre se presenta como estallidos de maltrato físico, por ejemplo, con gritos, golpes y vidrios rotos. La violencia tiene muchísimas formas posibles, puede ser pasiva, psicológica, intermitente, entre otras características, y las familias tienen la capacidad de adaptarse a ellas, incorporarlas e instrumentarlas.

📖 Cuando los conflictos se vuelven frecuentes y las familias no consiguen resolver armónicamente las tensiones irresueltas que existen, comienzan a construir modos más complicados y retorcidos para lidiar con los problemas persistentes. Generan así soluciones fallidas que facilitan la construcción de relaciones manipuladoras, por ejemplo, cuando las personas buscan defenderse de la agresión familiar, a la vez que sostienen discusiones por cumplir con los mandatos familiares. Por ello, para comprender el mundo de la manipulación corresponde indagar sobre los pactos, los secretos y las lealtades familiares, que, si se construyen bajo la lógica de la manipulación, pueden convertirse en frecuentes maltratos psicológicos familiares.

4.1. Los pactos

Los pactos suelen ser notorios, pero no necesariamente explícitos, y quienes no forman parte de estos acuerdos suelen notar con facilidad que pareciera existir esa relación especial entre las partes que sí tienen ese compromiso. Con un pacto, quienes lo integran se proponen obtener algún beneficio mutuo, declarar límites y dejar entrever consecuencias posibles. Veamos algunos ejemplos de ello:

- Pacto Ribbentrop-Molotov: los ministros de la Alemania Nazi y la Unión Soviética declararon la no agresión, colaboración y repartición de los países que se conquistarían durante la próxima guerra venidera que sacudiría a Europa. Se mantuvo el acuerdo hasta que las fuerzas de Hitler invadieron a las de Stalin.

Esta es una muestra muy específica de cómo funciona un pacto. Pero comencemos a acercarnos ahora a cómo ocurre en los grupos significativos y veamos este otro ejemplo:

- Pacto de familia: en 1733 los reinos de España y de Francia se reconocían mutuamente como monarquías originarias de la Casa de Borbón y por ello firman un acuerdo para combatir al Reino de Gran Bretaña y al Archiducado de Austria. En caso de ser atacada una corona debían responder ambas y las ganancias posibles también serían repartidas entre ambas. El acuerdo se reafirmó dos veces más y duró 56 años hasta la Revolución francesa.

Pareciera que, cuando se trata de una guerra o asuntos entre reinos, los pactos son obvios para organizar un poco todo el caos existente y las riquezas posibles. Pero no nos engañemos, los pactos son necesarios en todo tipo de relación. La dificultad ocurre cuando, en la familia, el pacto no está pensado solo para esclarecer límites, sino también para controlar conductas, encubrir mentiras y sostener engaños que son potencialmente peligrosos. Cuando los pactos comienzan a tener objetivos que son contrarios a la ética, comienzan a acercarse a la corrupción, y los miembros de la familia pasan a debatirse entre dos posibilidades: ser denunciantes o ser cómplices.

En una ocasión trabajé con una paciente que estaba bajo medicación psiquiátrica luego de tener una fuerte crisis que la dejó completamente alterada. Todo comenzó cuando descubrió una infidelidad de su pareja, que fue completamente sorpresiva y confusa, ya que no comprendía cuándo ocurría, si pasaban casi todo el tiempo juntos. Además, sufría cada vez que recibía noticias de que no fue un episodio eventual, sino que su pareja tenía otra familia completamente paralela. Pero la estocada final ocurrió cuando descubrió que toda la familia de origen de él, e incluso su propio hermano (pues él y su ex eran amigos y así se conocieron) eran participes del engaño. Ella podía comer al mediodía con toda la familia de su ex, pero por la noche lo hacía la otra pareja. Había todo un sistema colaborando con el encubrimiento, algunos de manera activa y otros de manera pasiva.

En otra ocasión una paciente descubrió de manera incidental la infidelidad de su madre hacia su padre. Dudó durante mucho tiempo qué hacer, pero, al estar acostumbrada a que todos sus caprichosos se cumpliesen, optó por utilizar esa información como un arma de chantaje contra su madre. El pacto comercial de silencio a cambio de beneficios duró un tiempo, hasta que la madre no toleró sus demandas y confesó su falta frente a su marido. Este último es a quien terminé recibiendo en terapia. Entre sus lamentos habitaba la confusión de qué es lo que le dolía más, si la traición de su esposa o el espíritu mercantilista de su hija a sus expensas. Ambas mujeres velaron por sus intereses personales sin dimensionar (o subestimando) el efecto de ello.

Cuando los pactos encubren aspectos básicos de la realidad, o tienen por fin subestimar y descalificar a una persona, desconociendo su lugar como interlocutor en las comunicaciones, producen un nocivo efecto en la percepción del otro. Una vez que cae la cortina de humo, quien fue manipulado puede sufrir una seria desestabilización, pues el mundo que conocía no era real. Incluso se registran casos de despersonalización en muchas personas que descubren la información que les faltaba.

En un ejercicio simple de introspección le propongo a los lectores que contesten el siguiente cuestionario para identificar con claridad si es que hay alguna trama engañosa que vale la pena modificar en la familia. Como regla general considero que, de existir, al menos dos respuestas positivas, es recomendable realizar algún cambio en el modo en que se maneja la información en casa.

Preguntas sobre los posibles PACTOS en casa	SÍ	NO
¿Conozco algún pacto familiar que encubre información fundamental para comprender la realidad?		

Preguntas sobre los posibles PACTOS en casa	SÍ	NO
¿Participo de manera activa en ese pacto?		
¿Quizá lo hago de manera pasiva al sostenerlo con mi silencio?		
¿Puedo distinguir claramente quiénes lo componen?		
¿Vi o escuché algo que me permite identificar el pacto?		
¿Hay algún beneficio que recibo por ello?		
¿Considero que es recomendable no romper el pacto porque evita un problema?		
Y finalmente, ¿es peligroso hablar del pacto?		

4.2. Los secretos

Muchos terapeutas familiares, incluido yo, sostienen la idea de que en TODAS las familias existen secretos. Es cierto que no todos los secretos son siniestros, o que no siempre llevan una carga dañina en cuanto a su contenido, pero también es verdad que los secretos son una propuesta de solución frente a un posible problema que avizora la familia. Cuando ocultamos información relevante, bajo una lógica de exclusión, estamos manipulando la vida emocional de la familia y la comprensión conceptual de los problemas.

La falsa expectativa con los secretos es que se conserven herméticamente, pero rara vez esto ocurre. Incluso si el contenido de un secreto se guarda de manera total, cuando se revela, la familia suele asimilar su contenido con facilidad o confirman las sospechas que tenían al respecto. El vacío de información que dejan los secretos produce la suficiente atención como para que la personas noten que hay algo escondido.

Todos los secretos son una empresa fracasada en la misión de resolver un problema, para el caso lo que consiguen es postergarlo. Lo que no se postergan son los nocivos efectos del ocultamiento, y hasta la identidad de algunas personas de la familia pueden verse afectadas por ello, sin hablar de los posibles efectos en las futuras generaciones que comienzan a relacionarse a partir de ello.

Un paciente, con vergüenza y valor en partes iguales, decidió revelar su secreto en terapia familiar y relató a sus padres que, de niño, había sido abusado sexualmente por un trabajador ocasional que iba a la casa donde vivían. Los padres se mostraron muy receptivos, pero no parecían mostrar sorpresa por la historia que escuchaban. Esto me dejó intrigado e hice énfasis en ello, ya que sospechaba que quizá lo sabían, pero no era así. Lo que pasaba es que al padre de la familia le había ocurrido algo muy similar en la escuela católica a la que iba en su infancia, pero solo lo sabía la esposa, y al escuchar al hijo, no fue difícil asimilar que un episodio así era perfectamente posible en sus vidas.

El asunto no concluía allí, sino que un primo también había sido abusado, había fuertes sospechas de que otro tío también, y quedaban dudas de a quién más le había pasado. ¿Qué ocurría? ¿Un gen hereditario de predisposición al abuso? No, sino que las tragedias individuales se sostenían en el silencio y ostracismo, y como familia nunca aprendían de las conductas de indefensión y abandono que ofrecían a otros miembros, mientras esperaban que no volviese a ocurrir y creaban patrones de repetición basados en el silencio.

Sin embargo, todos sospechaban lo que podía ocurrir, ya que había ciertos chistes que no se decían, preguntas que no se elaboraban y todos detectaban los huecos que aparecían con ciertos temas. Todas señales de que había algo escondido. Cada miembro de la familia se proponía no traumatizar ni incomodar a los demás y evitaban hablar de cualquier tema al respecto.

Aunque muchos secretos se sostienen con la intención de no producir más daño, hay otros que ocurren con la deliberada intención de librarse de las consecuencias. Los secretos siempre son soluciones evitativas, pero el hecho de no transmitir su contenido verbalmente no implica que no se perciba su presencia.

Los secretos sostenidos a través de pactos fragmentan la comunicación y dejan el mensaje implícito de que es válido el ocultamiento como medida de solución, sin identificar el daño que se hace a la confianza y cómo se fomenta la repetición de la conducta. Pero, además, los secretos organizan las relaciones, pues producen alianzas e incluso coaliciones entre los miembros de la familia, produciendo en muchas ocasiones confusión y ansiedad, pues no queda claro el contenido de esas relaciones.

Sobre todo, los secretos enseñan un modo de resolver un problema y un aprendizaje implícito sobre qué conductas, aunque ilícitas, son válidas para incorporarlas en una familia. Son una escuela secreta de la manipulación. Como dice Paris (año de publicación) también son guías éticas sobre qué tipos de conductas son posibles y cómo postergar algunas consecuencias que es necesario atravesar.

Preguntas sobre los posibles SECRETOS en casa	SÍ	NO
¿Hay personas o etapas de la vida de la que no puedo preguntar o hablar con mi familia?		

Preguntas sobre los posibles SECRETOS en casa	SÍ	NO
¿Consigo más información sobre determinados temas o episodios hablando con otras personas antes que con los protagonistas?		
¿Se producen marcados e incómodos silencios con preguntas específicas?		
¿Noto si hay conductas evitativas de algunas personas con algunos temas?		
¿He recibido advertencias, e incluso amenazas, que parecen desproporcionadas por hablar o preguntar por algunos temas?		
¿Tengo firmes sospechas o intuiciones sobre determinados eventos de la historia familiar, pero parece que no puedo hablarlo con nadie?		
¿Hay conductas extrañas y hasta peligrosas en la familia que nadie puede explicar de dónde vienen?		
¿Alguno de los miembros pareciera hacer denuncias contra la familia que suenan extrañas, pero posibles, y nadie entiende?		

4.3. Las lealtades

Acabo de mencionar un concepto que es recurrente en la comprensión de la manipulación: la ética. Dicen Böszörményi-Nagy y Spark (1973) que las familias, además de ser sistemas emocionales, también son sistemas éticos, donde las conductas no solo se realizan en función del contexto inmediato de actualidad, sino que también se toman según la historia de deudas, obligaciones, derechos y compromisos que existan entre los miembros.

Por lealtad una familia puede resolver un problema basándose por completo en las leyes establecidas en un pasado y la realidad ya inexistentes, antes que con parámetros actuales y más adecuados, lo que termina produciendo fuertes desequilibrios y problemas.

Un ejemplo simple: muchos de nosotros hemos recibido, en más de una ocasión, la indicación de comer todo lo que se nos ha puesto en el plato, pues de no hacerlo puede ser entendido como una falta de respeto. Pero ¿por qué sería una falta de respeto? ¿Cómo es que el registro personal de saciedad de una persona se convierte en una ofensa para el resto del grupo? Muchas familias han adquirido un rígido respeto a los alimentos, pues en parte simbolizan el trabajo, pero también encierran memorias de épocas de hambruna y carencias donde no quedaba claro cuándo se podría volver a comer.

El origen de la imposición alimentaria es completamente respetable, y está claro que en nuestro mundo actual no todos cuentan con la garantía de la alimentación; pero también es cierto que existen muchas familias que, por fortuna y por esfuerzo, han conseguido elevar sus estados socioeconómicos, pero siguen respondiendo como si esto no hubiera ocurrido. Allí se dibuja una lealtad a la historia que tiende a desconocer las necesidades actuales y cambios contextuales.

Por otro lado, las lealtades también simbolizan un comercio implícito entre los miembros, lo que lleva a construir, a modo interno, la noción de equilibrio y justicia, ya que se pone en juego el intercambio de dar y recibir.

🔅 Un adolescente que atendía llegó a la consulta consumido en llanto, nacido de una liberación recientemente conseguida por marcar un límite. Sus padres se habían divorciado cuatro años atrás y él vivía con su madre, quien estaba profundamente dolida por la separación, pues consideraba que su exesposo era un malagradecido, que había podido estudiar una carrera porque ella dejó la suya, y que ahora que contaba con más recursos él decidía marcharse.

La madre hablaba pestes del padre con el hijo que tenían en común. Él se debatía entre dos situaciones: por un lado, empatizaba con su madre por lo mal que la estaba pasando y creía que debía acompañarla; por otro lado, cada vez se incomodaba más por esas escenas, porque él continuaba apreciando a su padre y no conseguía verlo como un villano.

Vivía con un conflicto de lealtades. Se sentía culpable porque su madre había dejado de estudiar para cuidarlo a él y ahora veía cómo le costaba horrores incorporarse al mercado laboral, por eso sentía una profunda deuda, que pagaba siendo el confesor de la madre.

Por otro lado, no quería escuchar todos los descargos sobre el padre pues no tenía reproches hacia él, y el no defenderlo le causaba también mucha culpa. Si mostraba, frente a su madre, algún signo de afecto hacia el padre (o viceversa), se sentía un traidor y ambos lo hacían sentir así, a veces en modo de castigo, a veces en modo de chiste. Además, ambos padres realizaban chantajes emocionales y competían entre ellos a través de mi paciente.

Lo último que hizo antes de llegar a mi consulta fue pedir, con gritos y llantos, a su madre que dejase de hablarle mal de su padre, así como pedirle al padre que dejase de preguntarle si su madre había hablado de él. Romper la lealtad, defraudar al otro y valorarse a sí mismo no fue nada sencillo, y él consiguió hacerlo todo en un solo movimiento. Claro está que, después de semejante cambio, necesitó hablarlo conmigo, es decir, una persona que no pareciera manipular su realidad y que lo ayudase a confirmar lo sucedido, además de ayudarlo a ponerle palabras a sus emociones.

Las lealtades son el resultado de cálculos de deudas y de pagos que vamos haciendo con nuestra familia, y muchas veces tomamos decisiones basados en esa contabilidad antes que en la honestidad sobre nuestras ideas y emociones. Podemos incluso manipular la realidad para intentar que nos den las cuentas, y cuando alguien descubre nuestro código ético de lealtades, fácilmente puede aplicar culpas y castigos para manipularnos y llevarnos, sin amenazas, al punto que desean. Aunque las lealtades pueden ser guías que nos orientan, también pueden ser sogas que nos atan.

4.4. Entonces...

Pactos, secretos y lealtades siempre son posibles en todas las familias, y funcionan como pequeños laboratorios donde podemos comenzar a ver los artificios, tretas y engaños que se pueden construir. Es como ver el *show* del mago, pero también el modo en que organiza los elementos para construir la ilusión.

Siempre podemos ser menos vulnerables a la manipulación cuando reflexionamos sobre los juegos de manipulación que se dieron en casa. Nos conviene dejar de creer que la manipulación está afuera y que es una amenaza posible de la que debemos cuidarnos cuando conocemos a alguien. Efectivamente, la manipulación muchas veces empieza en casa. «Sanar heridas», como muchas personas lo llaman, también implica asumir responsabilidades.

La relación entre los pactos, los secretos y las lealtades puede ser muy estrecha. Los pactos no necesariamente son secretos, aunque sí intentan ser discretos, en especial si encierran acuerdos retorcidos y manipuladores. Pero todos los secretos que se sostienen entre dos personas o más llevan de manera explícita o implícita un pacto de silencio.

Por último, muchos pactos y secretos se sostienen en la lealtad, lo que significa que se decide mantenerlos por una historia de contratos y sin considerar el efecto que está teniendo en sus miembros. Existen familias que sostienen un secreto y un pacto hasta las últimas consecuencias, y no se guían por factores de salud, sino por deudas y obligaciones, provocando serias lesiones en la comprensión de la realidad de algunos miembros del sistema familiar.

5

DE LO SOCIALMENTE DIVULGADO
A LO CLÍNICAMENTE PREOCUPANTE

¿Por qué muchas personas creen que sus ex son manipuladores narcisistas? Seguramente algunos lo sean, pero ¿realmente todas las exparejas que hemos tenido y nos han dañado lo son? ¿Existe la posibilidad que estemos utilizando esta etiqueta a modo de insulto? ¿Es posible que en nuestra rabia e incomprensión arrojemos este tipo de hipótesis para darle sentido a la historia de amor que se convirtió en sufrimiento?

Me temo que muchas veces las nomenclaturas diagnósticas de las psicopatologías son utilizadas como herramientas de descalificación antes que como recursos de comprensión. Por ello propongo algunos puntos para recalibrar la mirada al respecto.

Decíamos en capítulos anteriores que todos somos propensos a manipular y ser manipulados, pero esto no implica que todas las personas, o ni siquiera la mayoría, tengan un trastorno de personalidad que explique esas conductas. Todos podemos sufrir ansiedad sin que exista un trastorno de ansiedad, o padecer estrés sin que se produzca un trastorno de estrés postraumático. Lo mismo puede ocurrir con la manipulación, que pueden existir conductas manipuladoras sin un trastorno de base.

Pero también es cierto que existen algunos diagnósticos psico-patológicos que tienen relación directa con la manipulación y donde parecieran ser un arma más frecuente. Para esta publicación destaco cuatro:

¡ACLARACIÓN!

Realizaré descripciones generales de cuadros psicopatológicos, por lo cual se debe recordar que este contenido no es suficiente ni consigue reflejar la complejidad que encierra cada uno de los trastornos. El proceso de diagnóstico psicopatológico es muy delicado y se pide al lector total prudencia con la información aquí expuesta.

Los siguientes puntos no deben ser utilizados para señalar ni acusar a personas cercanas, sino en todo caso para que cada uno pueda profundizar un poco sobre posibles problemas y, en caso de creerlo necesario, acudir con un profesional. En especial, solicitamos recordar que los actos aislados no son suficientes para identificar si hay un problema. Se necesitan largos historiales de conductas repetidas para comenzar a tener sospechas y preocupaciones de que algo está yendo mal.

5.1. Psicopatologías manipuladoras

5.1.1. TRASTORNO DE LA PERSONALIDAD ANTISOCIAL

Este es el cuadro oficial que más se asemeja a todas aquellas figuras cinematográficas que pueden ponernos los pelos de punta en series y películas. Cabe aclarar que los personajes de ficción explotan la conducta criminal con fines de entretenimiento, mientras que, en nuestra cotidianeidad, muchas personas pueden portar este trastorno y no siempre tener conductas criminales de ese calibre. Este es el diagnóstico que refleja la conocida titulación de psicópata, que formalmente no es muy utilizada en salud mental. Actualmente, el término *psicópata,* en lugar de ser un indicador diagnóstico, es más utilizado como un insulto, de ahí su mutación.

Es cierto que los antisociales no tienen muchos reparos en rayar la legalidad y tener comportamientos antiéticos, por ejemplo, actuando despreocupadamente con los demás, siendo crueles e instrumentando engaños y manipulación con una total irresponsabilidad y desinterés en las consecuencias.

Aquí hay un punto diferencial que recomiendo tener en cuenta. Muchas veces nos encontraremos, por ejemplo, con estafadores o infieles que no dudan en romper los acuerdos y ser manipuladores, pero en general sus jugadas ilegales las realizan para evitar pagar las consecuencias de sus actos y salirse con la suya. Pueden ser desconsiderados con el dolor ajeno, pero no suele ser el dolor del otro el objetivo que pretenden conseguir. Distinto es el caso de los trastornos antisociales, que suelen encontrar algún tipo de placer en el daño producido.

Si la motivación es dañar, tengamos mucho cuidado: si el daño es una especie de moneda de pago para cubrir y alcanzar otros objetivos, quizá el panorama sea mucho menos siniestro. Aunque claro está que de ambos perfiles debemos cuidarnos y alejarnos.

El antisocial busca el poder por el poder en sí. Es como si una persona buscara ganar dinero, pero no por la posibilidad de cambiarlo por bienes y servicios, sino por el dinero en sí mismo, como si buscara acumular dinero para ver las montañas de dinero, pero sin ninguna intención de utilizarlo bajo ningún aspecto. No es una búsqueda funcional, sino más bien una perversión de la posesión.

El diagnóstico de trastorno antisocial no es en absoluto frecuente en la clínica psicológica. Es muy complejo de realizar y muchas veces está reservado para peritajes judiciales, o en su defecto, casos involucrados con la justicia.

5.1.2. TRASTORNO DE LA PERSONALIDAD LÍMITE

Hay dos palabras que pueden describir este diagnóstico. Por un lado, la inestabilidad que sienten las personas y por otro la peligrosidad a la que se exponen y que los mantiene siempre en la autodestructividad. Suelen existir historias de abandono e injusticia sufrida por parte de sus familias, lo que construye un sentimiento de mucho rencor e impotencia en etapas adultas, modelo una disrupción en la personalidad por sentirse desatendidos.

Como resultado, las personas comienzan a tener serios problemas para cumplir metas personales, o sostener relaciones armónicas y afectivas, ya que experimentan mucha impulsividad, toman conductas de riesgo y se expresan con mucha hostilidad.

Los síntomas pueden aparecer para evitar el desamparo (sea real o imaginario), y la comprensión de sus relaciones puede ser muy idealista y completamente pesimista en partes iguales, lo que los vuelve muy reactivos. Por ejemplo, no solo conducirían un vehículo, sino que lo harían de manera totalmente temeraria y amenazante. No se limitarían a tener relaciones sexuales, sino que podrían hacerlo de manera promiscua y exponiéndose a todo tipo de problemas. Puede reclamar afecto y atención de maneras autodestructivas, y al recibirlo desconfiar plenamente de ello, confirmando que el acercamiento es solo una antesala al abandono, por lo que se intensificarían sus conductas autolesivas.

Las personas con este trastorno lidian con un crónico sentimiento de vacío y abandono. No es raro que recurran a prácticas manipuladoras como la mentira, el chantaje emocional, negar aspectos elementales de la realidad, caer en fuertes y obvias contradicciones, así como realizar profundas promesas sin intención de cumplirlas.

La diferencia a tener en cuenta es que los motores que sostienen toda esta maquinaria son:

- El dolor que la persona sufre

- Un intenso miedo al abandono

- La lucha interna existente por combatir el abandono ya experimentado (generalmente) en el entorno familiar

No es frecuente el deseo sádico de controlar las vidas de los otros. Aquí la manipulación aparece como una herramienta para lidiar con el sufrimiento y para perseguir objetivos que pueden ser muy inestables y a veces sin sentido.

Pueden manipular a los otros para escapar de las emociones que sienten y, en algunos casos, para aplicar castigos con el objetivo de que los demás experimenten lo que le está ocurriendo. Sin embargo, estas conductas manipuladoras suelen mermar considerablemente cuando los tratamientos consiguen ser efectivos, mostrando que la manipulación es un medio, no un fin, y la impulsividad es lo que dictamina muchas de sus decisiones, no tanto la planificación de sus actos, lo que explica también cómo pueden boicotearse a ellos y a otros.

5.1.3. TRASTORNO DE LA PERSONALIDAD NARCISISTA

Las personas con este trastorno construyen un modo de relación donde predominan dos elementos: una constante y creciente necesidad de reconocimiento y una falta de empatía por las personas.

Pueden tener la firme creencia de que son personas realmente especiales, y como tal merecen tratamientos extraordinarios y diferenciados. Sus logros y talentos pueden ser reales o fantaseados, pero siempre caen en una sobredimensión por parte de la persona. Predomina una fantasía de éxito, por ejemplo, basados en el poder, la belleza o el amor, y que le corresponde todo ello de manera ilimitada solo por el hecho de ser quien es.

Esta búsqueda los lleva a aprovecharse de las relaciones interpersonales, usándolas a su servicio para alcanzar sus objetivos o para sostener el supuesto estatus que considera legítimo y obvio. Este es el impulso que sostiene sus conductas manipuladoras, pues en la carencia de empatía se desinteresa por completo de los sentimientos y necesidades ajenas, minimizando o ignorándolas, ya que siempre antepone los suyos.

A veces puede ocurrir una distorsión de la realidad (sin llegar a un trastorno esquizofrénico). Por ejemplo, puede organizar una serie de estafas piramidales bajo un modelo ponzi y no considerarlo una estafa, ya que esa persona está convencida de que conoce el mercado y que es un as de las finanzas, que está destinado al éxito de manera irrevocable. Todos los argumentos por contrastar sus carencias tendrán una explicación y serán utilizados como argumentos para confirmar que, efectivamente, todos le tienen envidia y que nadie puede comprender su grandiosidad.

Este es el perfil que resulta compatible también con líderes de grupos religiosos extremistas y de diferentes tipos de sectas. Pueden considerarse a sí mismos emisarios especiales de Dios o cualquier entidad que representen, y que ellos concentran la autoridad y el saber que les da derecho y legitimidad sobre los demás.

La manipulación se da porque persiguen un objetivo de grandiosidad y no temen utilizar a los demás con engaños, mentiras, exageraciones, persuasiones y cuanta herramienta puedan, para alcanzar y sostener sus fantasías de grandiosidad.

5.2. Consideraciones importantes

¿Y si te dijera que el diagnóstico de PSICÓPATA NARCISISTA no existe? Ese es un título que resuena mucho en las redes sociales y que las personas utilizan mucho (especialmente para hablar de sus exparejas). Esto es una muestra de cómo la rabia nos lleva a utilizar lo que parece un diagnóstico como un insulto y nos bloquea la posibilidad de reflexionar sobre lo que ha ocurrido en la relación.

A veces nuestro impulso por dar explicaciones y tener respuestas nos puede llevar a etiquetar y a señalar a algunas personas como propietarias de diagnósticos psicopatológicos, pero esto último es más bien tarea de profesionales dedicados y especializados.

Por otro lado, también es importante registrar el tiempo y la duración que tienen las conductas maltratantes, lo que resulta fundamental para poder distinguir si estamos frente a un trastorno psicológicos con todas las letras, o frente a un funcionamiento muy preocupante que aparece en algunos momentos, o bien si solo son conductas puntuales que, aunque indeseables, están condicionadas a personas en específico.

Por ejemplo, algunos pacientes, luego de sufrir una ruptura amorosa que les ha causado una profunda desilusión, también experimentan mucha rabia y rencor hacia su expareja. Ese contexto de dolor también va acompañado de una serie de malas decisiones, serias dificultades para regularse emocionalmente, conductas hostiles hacia sí mismos y hacia la otra persona, e incluso se vuelven capaces de mentir y confabular con tal de poder devolver el golpe recibido y así sostener un contacto posruptura amorosa.

Esto es muy notorio por ejemplo en algunos divorcios conflictivos, cuando los padres litigantes comienzan una escalada de mucha violencia, intolerancia, boicots y manipulaciones en nombre de la discusión existente. Todos ellos parecieran responder, por momentos, a los criterios de un trastorno límite de la personalidad, pero, fuera de ese conflicto con esa persona, no parecieran existir los mismos patrones de relación.

En otras ocasiones los terapeutas nos podemos encontrar con víctimas (que también son victimarios) de estafas religiosas sectarias o económicas tipo *trading,* que prometían verdades y riquezas, y que, en ese momento, por baja autoestima o por ingenuidad, terminaron enganchados en esas promesas. Pudieron creer tanto en lo que les vendían que se convirtieron ellos mismos en manipuladores, intentando enganchar a amigos y familiares desde su total ingenuidad.

Por último, queda el asunto del narcisismo. No toda persona que sostiene un afecto por sí mismo y se prioriza frente a los mandatos se puede llamar narcisista de manual. A veces como sociedad nos resulta difícil, y hasta intolerante, ver cómo alguien se valora a sí mismo y se pone en primer lugar, pero no siempre que esto ocurre estamos hablando de un trastorno, se necesitan evaluar muchos aspectos.

A veces simplemente hay conductas indeseables, no trastornos psicopatológicos.

5.3. ¿Manipulador o maltratador maltratado?

Es mucho más probable que nuestro manipulador de turno sea una persona herida, que no sabe regular sus impulsos, que no ha conseguido madurar emocionalmente, que no se cuestiona nada sobre su realidad, que responde a parámetros impuestos, que la inercia de sus conductas no le permite reflexionar y que maltrata subestimando y justificando el efecto de sus conductas, antes que encontrarnos con un sabio y sesudo manipulador que se toma su tiempo para organizar nuestro sufrimiento.

Repito, es más probable que en nuestro curso vital nos encontremos con personas heridas que lastiman antes que con fríos calculadores que buscan satisfacer sus sádicas necesidades. Por supuesto que la maldad y la hijoputez existen en este mundo, y podemos toparnos con depredadores sociales realmente siniestros, pero es más probable que nos encontremos con la herida irresuelta del otro antes que con la perversión plena.

Claro que existen determinados tipos de abusos y maltratos que hablan por sí mismos, por ejemplo los abusadores sexuales, en especial los que abusan de infantes, que merecen, como primera medida, intervenciones de control de las fuerzas públicas y de la justicia, antes que cualquier intervención psicológica. Pero en el día a día los terapeutas trabajamos más con historias de amor (de pareja y familia) desencontradas donde las personas no consiguen dimensionar la manipulación y el daño que ejercen.

Parejas que mienten y manipulan porque no se sienten seguras de la relación, y frente a los problemas y adversidades, prefieren engañar y mentir como medida de solución. Por ejemplo, cuando uno de los dos quiere experimentar sexualmente sin pagar ningún costo por ello y sin plantear una discusión que sospecha no le resultará beneficiosa. Si la confianza en una pareja no se construyó durante su curso vital y no se plantearon las conversaciones incómodas necesarias, es esperable que alguno de los dos recurra a la manipulación, y no necesariamente como filosofía de vida, sino como medida de solución irresponsable.

También hay padres que esconden información vital porque consideran que es un medio de protección; jefes que engañosamente motivan y culpabilizan a los empleados para conseguir la mayor productividad posible; generadores de contenido en internet que falsifican y maquillan la realidad para producir mayor impacto y aprobación; vendedores que maximizan y distorsionan los beneficios de algunos productos, sabiendo que no es cierto, pero lo hacen para procurar sus ventas; o cientos y cientos de personas que mienten sobre sus emociones porque les preocupa y atemoriza el poder expresarlas. Por diferentes motivaciones, pero todos ellos manipulan.

Otro factor importante es la historia con la que viene cada persona y la falta de cuestionamientos sobre algunos mandatos que facilitan y habilitan la existencia de conductas manipuladoras. Muchas de nuestras conductas maltratantes también son el resultado de condiciones sociales y enseñanzas familiares. Por ejemplo, hace pocas décadas muchos hombres incurrían en la infidelidad en sus matrimonios amparados en la idea de que era así la naturaleza del hombre, pues venían de sistemas de creencias que eran tolerantes y poco obsecuentes con la red de mentiras y engaños que podían construir. Incluso se conocen casos de personas que tenían dos familias y manipulaban a ambas.

También podemos encontrar ejemplos en los que, por vergüenza o por temor, muchos padres ocultaban información vital a sus hijos, considerando que era un modo de protegerlos y subestimando sus capacidades de afrontamiento de la realidad, tejiendo así los hilos de un engaño.

Todos ellos son ejemplos de personas de nuestra vida cotidiana que pueden manipular, no por una condición psiquiátrica, sino por un juego de poder, por la creencia de que tienen más derecho que otras personas o simplemente por no preguntarse a sí mismos si aquello que comprenden y establecen en sus relaciones no podría ser acaso una modalidad de maltrato y un ejercicio de manipulación.

Como decíamos en un principio, todos somos manipulados y manipuladores. Por ello, en el próximo capítulo trataremos sobre la manipulación que todos ejercemos en nuestro día a día.

6

MANIPULACIÓN NUESTRA DE CADA DÍA

El que esté libre de manipular que arroje la primera piedra, y con ella, que confirme su negación de la realidad, ya que todos manipulamos y maltratamos. Pero, como todo acto humano considerado negativo, nos cuesta asumirlo como propio. Tendemos a creer que nuestras conductas cuestionables no son para tanto, que siempre están justificadas, que son por culpa del otro o que son meras reacciones al contexto.

Realmente es difícil para nosotros como personas responsabilizarnos de nuestros propios actos, no subestimar el dolor que podemos producir y dimensionar los efectos que tenemos en los demás; de hecho, gran parte de los procesos terapéuticos consisten en conseguir, sin imponer, que las personas reflexionen sobre sus conductas y relaciones, para así adquirir mayor responsabilidad sobre sí mismos y para con los otros.

Como aporte de este libro, déjenme mencionarles tres modos constantes de manipulación que todos ejercemos.

6.1. ¿Cómo manipulamos en el día a día?

6.1.1. DOBLES MENSAJES

Esto es lo que ocurre cuando una persona nos envía dos mensajes al mismo tiempo y que dicen cosas completamente distintas. No hablo de cuando una persona nos promete algo y no lo cumple, sino del hecho de que en un mismo gesto la persona nos ofrece dos realidades complemente opuestas y, si elegimos una de las opciones, se no reprochará diciendo que estamos equivocados.

Imaginemos que una persona fuerza e impone por completo una sonrisa, pero que va acompañada con una mirada triste, incluso con lágrimas que apenas contiene y unos brazos decaídos en señal de derrota.

Si preguntamos: «¿Estás triste?», puede decirnos: «¡No! ¿Acaso no ves mi sonrisa?». Pero si decimos «¡Estás sonriendo!», podría reprocharnos que nunca lo entendemos, respondiendo «¿Acaso no ves mis lágrimas?».

Cuando el manipulador aplica los dobles mensajes intencionalmente en una relación, lo hace para mantenernos confundidos, jugando con nuestra comprensión de las emociones y procurando que la comunicación nunca sea clara.

De esa manera, espera tener algún motivo con el que siempre poder acusar y reprochar al otro. La intención es imprimir culpa en el otro por sus errores a la hora interpretar la realidad. Es como tender una trampa para que el otro caiga y así tenerlo siempre bajo control.

Algunos padres aplican jugadas similares, por ejemplo, cuando intentan controlar la conducta de los hijos a través de la culpa, o como cuando esperan ansiosamente que los hijos se equivoquen para poder reprocharles con todo tipo de argumentos sobre como ellos, como padres, tenían razón.

☀ Un paciente había emprendido sus estudios universitarios y se encontraba en segundo año de la carrera. Llegó a consulta porque había comenzado a experimentar mucha ansiedad por los exámenes finales que rendía, se sentía estresado y muy preocupado por ellos. Luego de una serie de sesiones notamos que era un alumno disciplinado, tenía comprensión de los textos, estaba a gusto con su carrera, había construido un sólido grupo de amigos y compañeros, y que se sentía muy identificado con la carrera que había elegido, por lo que la fuente de su ansiedad debía estar en otro lado.

Su padre jamás apareció en su vida, se había criado solo con su madre, que también era hija única. Ella se dedicaba a la Administración pública en la municipalidad del pueblo donde vivían, no tenía aficiones, muy pocos conocidos y se había volcado por completo a cuidar de su hijo. Siempre se mantuvo alerta sobre él e intentó prevenirlo de todo problema posible, pero nunca imaginó que su crecimiento sería un problema.

Mi paciente había sido un poco retraído en la escuela secundaria, pero floreció con total fuerza en la universidad, donde encontró que sus talentos eran valorados y que él era buscado como amigo y compañero de estudios. Incluso había conseguido que lo miraran algunas chicas de su curso, algo que era completamente nuevo para él.

Por todo ello, la relación con su madre comenzaba a cambiar y él se estaba confundiendo con sus mensajes. Por un lado, su madre lo alentaba a que estudiase, pero por otro no paraba de descalificar a sus compañeros (en especial a las mujeres). Se mostraba molesta por las horas de estudio que él tenía, y se ponía de muy mal humor al verlo fuera de casa y cada vez menos disponible. Estaba claro que estaba celosa; pero no era solo eso, sino que se ponía en juego la posesión y el control como medidas de solución.

En una sesión mi paciente llegó con un descubrimiento muy importante para él. Se había dado cuenta de que, cada vez que estaba por salir con sus amigos de la universidad de fiesta, su madre tenía alguna complicación. Jamás le pedía que no saliera y se quedara con ella, sino que, por obra del destino, todas las veces tenía algún tipo de percance que la colocaba en un lugar de necesidad. Podía ser por cualquier cosa, desde una canilla rota hasta una crisis existencial. La secuencia solía ser la misma:

- Paciente: Mamá, voy a salir hoy con mis compañeros de la universidad.

- Madre: Ah... Creí que te quedarías en casa. Una pena, no me sentía muy bien y había cosas que arreglar...

- Paciente: Bueno, pero quizá se pueden arreglar mañana...

- Madre: (con un llanto leve y creciente en los ojos) Sí, anda, yo estoy bien. Anda con tus amigos, yo como sea voy a estar...

Él se preparaba para salir, su madre comenzaba con alguna dificultad, él no desistía de su salida, su madre le enviaba un doble mensaje diciendo que estaba bien y mostrando que no lo estaba. En algunas ocasiones en que él se quedaba, su madre mejoraba mágicamente y pasaba a ser una mujer enérgica y alegre; pero si salía debía hacerlo atravesando mucha culpa y recibiendo castigos indirectos los siguientes días.

Cuando la culpa y el castigo son las variables de control en las relaciones, debemos considerar que es muy probable que exista la manipulación.

Al principio de todo, mi paciente creyó que se trataba de reacciones eventuales y que simplemente su madre era así; pero luego comenzó a notar que era un patrón recurrente que ocurría siempre, que él se encontraba muy confundido sobre cómo se sentía su madre y que sentía que notaba una especie de sombra invisible que sentía.

Finalmente, comenzó a identificar que la ansiedad que vivía en los exámenes se debía a que temía que su madre empeorase cada vez que él avanzase en la carrera, que cada logro se acompañase de algún castigo indirecto mezclado con alegría, que todo en casa empeorase con el tiempo, y que, finalmente, no supiese cómo lidiar con la culpa que todo eso le generaba.

Los terapeutas sistémicos, es decir, aquellos que se enfocan en comprender las interacciones entre las personas, tienen estudiado desde hace mucho tiempo la comunicación y han comprendido que las incongruencias en los discursos son mucho más impactantes y productores de psicopatología de lo que podríamos llegar a creer.

Cuando hay una discrepancia entre nuestras palabras y nuestros actos precipitamos la aparición de serios problemas para comprender los mensajes y la relación; pero, sobre todo, cuando enviamos dobles mensajes podemos manipular la realidad según nos resulte más adecuada.

6.1.2. PERSUASIÓN

Formalmente la persuasión es intentar convencer a alguien para que haga o crea en algo que anteriormente no lo hacía. Se puede hacer resaltando el valor de algunos aspectos o remarcando los errores de otros para empobrecer su percepción. Inicialmente la persuasión no siempre es manipulación, pero puede convertirse en eso fácilmente.

Depende de los motivos y los métodos. Por ejemplo, si el motivo es el aprendizaje, digamos sobre la sexualidad, y se lo hace de manera pedagógica y clara, no pareciera haber problemas. Pero si lo que motiva la persuasión es conseguir que una persona se vuelva hostil y rechace a otra, por motivos que no le son propios, y para ello se comienza una campaña de odio y difamación, la persuasión es meramente manipuladora.

De hecho, nos toca prestarnos atención cada vez que intentamos que alguien cambie de opinión y aprender de qué somos capaces cuando nos interesa conseguir algún objetivo. El ejemplo más claro de esto es cuando nos interesa alguien y queremos gustarle.

Cuando entramos en campañas de seducción podemos mostrar un poco de nuestras herramientas manipuladoras. Buscamos resaltar nuestros atributos y minimizar los que consideramos indeseables, a veces incluso escondiendo aspectos vitales de nuestra vida, mintiendo sobre nosotros, imponiéndonos estilos que no nos son propios pero pensamos que le gustaría más al otro, o creando grandes escenarios donde engañamos al otro haciéndole creer que algunas cosas son casualidades, pero que en realidad están orquestadas.

Cuando alguien nos gusta mucho buscamos abrirnos paso a los codazos en la vida del otro. ¿Y qué mejor manera que encontrando coincidencias? ¡Aunque sean de las más banales! Ocurre que nos excitamos cuando encontramos coincidencias con un desconocido que nos atrae. Si la coincidencia es poca la exageramos para que parezca más intensa; si no existe, la inventamos, todo sea por entrar, aunque un momento, en la vida del otro.

Tendemos a manipular, a partir de la persuasión, cuando no nos gusta el límite que el otro nos ofrece, cuando no nos convencen sus argumentos, o cuando creemos que sabemos mejor que el otro qué le conviene pero que «aún no se da cuenta» de ello. Si mostramos transparentemente nuestras intenciones, entonces ya no estamos manipulando, aunque tal vez estemos siendo pesados e insistentes. Intentar cambiar la percepción del otro para sacar un beneficio unilateral siempre es un ejercicio de manipulación.

6.1.3. MENTIRAS

Todos conocemos la ética propuesta de NO MENTIR, incluso está escrito en piedra en una de las más famosas mitologías de la humanidad. Pero reflexionemos un segundo: ¿qué nos pasaría como sociedad si no pudiéramos mentir?

La transformación sería enorme y posiblemente nos encaminaríamos a la destrucción. Necesitamos la mentira para sostener cierta cohesión social, desde las mentiras piadosas hasta las elegantes y diplomáticas omisiones, y entraríamos en una gran fragilidad y constante conflictiva. Nos convertiríamos en una sociedad mucho más violenta e incluso no podríamos sostener amistades.

Ejercicio

Piensa en los siguientes preguntas:

- ¿Qué cosas de ti saben tus amigos más cercanos que, si no pudieran ocultarlas, tendrías graves problemas?

- ¿Cuántas anécdotas con tus amistades tuvieron lugar a partir de una mentira?

- ¿Qué cosas de ti saben tus amigos y tu familia no? En especial cosas que has hecho.

La mentira es un arma de doble filo, es necesaria en nuestra sociedad, pero también puede construir grandes sufrimientos y ser una total herramienta de manipulación. Nos toca identificar que la mentira es como un espectro, que hay matices dentro de ella y que no todas son igual de dañinas. Esto no justifica su presencia, pero sí puede ser útil identificar las diferencias para tomar decisiones terapéuticas más adecuadas.

En el consultorio terapéutico el juego de la mentira es más variable y delicado de lo que podría parecer. Los psicólogos no somos jueces y la terapia no es un juicio rígido en el que buscamos la verdad absoluta, sino que más bien procuramos comprender y dimensionar los efectos que tiene el juego de la mentira para que las personas tomen sus propias decisiones.

Una paciente llegó a la consulta por recomendación de la psicopedagoga de su hija, quien le había indicado que ella debía realizar terapia individual. Al recibir el caso y hablar de su historia, identificamos que había sido muy presionada y criticada desde pequeña, que sus padres podían tener reacciones desproporcionadas por dificultades simples que ella podía tener, por ejemplo, romper un vaso accidentalmente o golpear una silla al pasar a su lado. Perdió total confianza en sus padres y temía recibir maltratos por cualquier motivo, así que comenzó a mentir cuando tenía algún tipo de dificultad o problema. Se volvió una hábil y veloz inventora de historias, y se fue perfeccionando con el tiempo, comenzando a mentir con todo aquello que podía significarle un problema, convirtiendo a la evitación en su modo de lidiar con las dificultades.

La psicopedagoga había detectado que muchas de las creencias de la hija interferían en sus procesos de aprendizaje y que a veces decía afirmaciones que parecían confabulaciones que chocaban fuertemente con la apremiante realidad. Creía que su padre estaba en otro país trabajando para ir a buscarla, pero estaba preso y no se lo habían dicho; que su madre era una médica que iba al hospital todos los días, pero era personal de limpieza y por eso usaba ambo; e incluso que no comía verduras porque no las necesitaba, cuando en realidad las comía licuadas y disimuladas.

Su madre intentaba protegerla y ofrecerle un mundo más amable del que creía que tenía. Su motivación era el cariño, pero mentía y manipulaba por vergüenza, evitación y negación de la realidad y del dolor.

Hablando desde el punto de vista de terapeuta, si de algo sirve la mentira es para darnos un poco de tiempo hasta que podamos decir la verdad, acomodarnos mejor para prevenir posibles tragedias, para finalmente decir aquello que estamos ocultando. Otra posibilidad es cuando nos toca mentir para defendernos de un ataque inminente que estamos por recibir, por ejemplo, si un acosador o un insistente ex no para de perseguirnos.

El último ejercicio aquí consiste en preguntarnos: ¿cómo me doy cuenta de que una mentira es grave?

6.1.4. OTROS TIPOS DE MANIPULACIÓN

Recordemos que la gran jugada del manipulador es conseguir sus objetivos a través de medios sigilosos, que el ejercicio de su poder no sea notorio, casi desapercibido, e idealmente haciéndole creer al manipulado que es culpa suya, procurando que dude de sus percepciones más elementales. La manipulación no ocurre de manera violenta, pues es demasiado grosera y explícita como para encajar con el delicado trabajo de manipular.

No es como cuando una persona nos ayuda a reflexionar sobre nosotros mismos y así aprender, adaptarnos y crecer. La duda que nos implanta el manipulador nos llena de inseguridad, nos hace sentir inadecuados, insuficientes, hace que le entreguemos al otro la total competencia y capacidad de evaluar y decidir, y nos deja en un estado constante de indefensión.

Táctica	Desarrollo
Negar las emociones	El manipulador intenta direccionar las emociones que su víctima está sintiendo, incluso si las ha provocado él mismo. Por ejemplo, descalificando a su víctima, pero envolviendo una dura crítica en con una aparente amabilidad. Si su víctima lo acusara de maltrato, el manipulador se defendería diciendo «Estas exagerando, fui amable», y actuaría como si no hubiera ninguna responsabilidad en las emociones que provoca.
Dar la razón para calmar	Es el famoso dar la razón como a los locos. Se hace un *acting* completamente convincente de que se está de acuerdo, solo para que el otro baje su guardia, deje de prestar atención y asestarle el golpe que se preparó actuando a espaldas del otro.
Mostrase indefenso y desvalido para generar aprobación	Cuando una persona quiere escuchar que es valorada, pero no quiere pedirlo, sino que intenta llevar al otro a ese acto, suele desprestigiarse a sí mismo para que la otra persona se tome el trabajo de valorarlo. No se trata de un acto de humildad en el que a la persona no le gusta ocupar un lugar protagónico, sino más bien el acto escondido de fingir incredulidad para que el otro actúe a su favor.
Utilizar la presión social	¿Recuerdas haber visto un pedido de matrimonio en un estadio? Puede sonar romántico y muchas parejas lo viven bien, pero en muchas escenas el manipulador utiliza el contexto exhibiendo y vulnerando al otro a través de la mirada del público, apelando a la vergüenza y al posible escarnio como medida de control y para conseguir lo que busca.
Instrumentar la culpa	La persona detecta que determinados temas producen culpa en la otra persona y no duda en utilizaros para convencer o presionar sutilmente, valiéndose de la emoción negativa que carga en la otra persona.

Táctica	Desarrollo
Impostar/ exagerar una emoción	El manipulador puede fingir reacciones, que va calibrando según ve que se acerca a su objetivo. Muchos niños, mientras lloran, evalúan si sus gritos o lágrimas consiguen doblegar la actitud de sus padres. Un manipulador hace lo mismo, pero con otros adultos y siendo mucho más refinado en su conducta.

6.2. ¿Cómo reconocer a los manipuladores?

Los psicólogos identificamos que hay una serie de elementos que vuelven mucho más probable que una persona manipule. Quizá no siempre a niveles psicopatológicos de trastorno de personalidad, pero son componentes a los que sugerimos estar atentos, en especial cuando estamos conociendo a alguien.

6.2.1. INDICADORES DE PERSONA MANIPULADORA

- Baja o nula empatía: la mayoría de los textos comienzan describiendo este punto como la principal característica de los manipuladores, y no les falta razón. Pero es necesario aclarar que es realmente difícil saber si la otra persona tiene o no empatía: ¿cómo nos daríamos cuenta? ¿Si llora cuando escucha tristeza? ¿Si sonríe cuando ve alegría? Todas esas conductas son fácilmente falsificables para un manipulador. Por eso recomiendo que la identificación de la empatía ajena no sea una búsqueda muy dedicada, ya que es muy esquiva. Pero, si algo nos llama la atención de cómo reacciona el otro, al menos que lo tengamos en cuenta sin enloquecer.

- Aceleración afectiva: el proceso de conocer a una persona que nos gusta y que nos dé lugar es enérgico y ultraestimulante. La etapa de enamoramiento anima a las personas a cruzar límites, a probar cosas nuevas y a correr riesgos que normalmente no corría. Todo ello es utilizado por un manipulador, que aprovechará estos estados para construir una falsa intimidad. Debemos prestar atención cuando una persona intenta construir una profunda intimidad en muy poco tiempo. Por ejemplo, cuando «en nombre del amor» la persona propone tomar un viaje a solas apenas conociéndose, o cuando colocamos a una persona que recién conocemos en reuniones con nuestros círculos afectivos más íntimos. La manipulación existe cuando se intenta reforzar a la pareja con elementos externos, cuando no existe apenas una historia interna.

- Necesidad de control total: la manipulación es más efectiva cuanto más se conoce a la víctima y a su contexto. Muchas veces no se consigue direccionar las emociones de las personas, doblegar sus percepciones o minar su autoestima, pero sí manipular su entorno, por ejemplo, prestando atención a todos los detalles para presionar con ellos. En una ocasión una paciente descubrió que su pareja anotaba en secreto el kilometraje de su auto para luego hacer cálculos sobre la distancia que había recorrido. Acto seguido realizaba preguntas trampa para evaluar si ella decía la verdad: ¡una completa locura! Ahora imaginemos que no es el kilometraje del auto, sino el móvil de la pareja. Ya no suena tan loco, ¿verdad?

- Intolerancia a la contradicción: aquí hay poco que explicar. El manipulador necesita que no se discutan sus argumentos y que todos ellos se vean como razonables, incluso aunque no lo sean; de hecho, si alguien consigue explicar los huecos y fallas en su lógica, podrá encontrar una explicación o un ataque personal hacia esa persona. ¿Conocen a alguien que siempre cree tener la razón? Un manipulador siempre la tiene, aunque no la tenga. Algo en la historia, en el contexto, en el clima o donde sea siempre justifica su razonamiento.

- Son encantadores y buscan atención: recordemos que el manipulador puede servirse de encanto, ser grácil y servicial, incluso parecer altruista...; pero nada de eso nace de un acto de transparencia, sino que generalmente son especulaciones para obtener otros beneficios. Todas las personas buscamos atención, no solos manipuladores, pero en general buscamos atención a la par que la entregamos. Las relaciones saludables son un juego constante de ida y vuelta, como un partido de tenis, mientras que las relaciones manipuladoras son solo de ida, como si el manipulador practicara patear penales y nosotros, creyendo que estamos jugando. Solo nos dedicamos a buscar la pelota para que siga pateando y, en el camino, el manipulador nos alienta diciendo: «Buen juego».

- Tendencia a ser caprichosos: este es el rasgo con el que se podrían identificar muchos lectores. Los caprichosos son intolerantes a la espera y a las negativas, y estos dos factores son muy necesarios para la construcción de una pareja saludable. Si un manipulador recibe un no o debe priorizar el tiempo de otros, muy probablemente se altere por ella y busque la manera de no respetar esa situación y salirse con la suya. A veces la convicción de una persona puede resultarnos admirable, pero el manipulador lo aprovechará para disfrazar de seguridad y decisión su fragilidad e intolerancia.

6.2.2. INDICADORES DE PERSONA OBJETIVO

- Tendencia a ser caprichosos: cuando una persona caprichosa se encuentra con otra así (y además resulta que se gustan) comenzarán un camino tan entretenido como posiblemente problemático. Se excitarán mutuamente a través de luchas de poder y sentirán una gran motivación por conseguir que el otro lo consienta. Pero, sobre todo, una persona caprichosa puede, fácilmente, encapsularse en estas relaciones maltratante y, en nombre de conseguir su objetivo, puede tolerar mucho daño psicológico, a la vez que también pueden provocarlo, pues pueden encontrarse dispuestas a muchas cosas con tal de salir victoriosas.

- Hiperempatía: todos los psicoterapeutas comprendemos el valor de la empatía. Consideramos que es un material siempre deseable como ejercicio de salud mental. Pero también se debe comprender cuándo y con quién tenerla. Hay personas que no solo son empáticas, sino que hacen entregas totales de consideraciones, hasta el punto de justificar siempre a la otra persona. Cuando una persona, casi en automático, siempre encuentra una explicación y una justificación para el daño, control y castigo que ejerce el otro, se vuelve fácilmente material de explotación. Si un manipulador descubre a una persona hiperempática, sabe que no hará falta que dé muchas explicaciones; y si le toca darlas, sabe que serán fácilmente recibidas. La manipulación es un bien fundamental para la salud mental, pero lastimosamente también es una materia prima de la que se sirven los manipuladores.

- Responsables hasta el castigo: ¿conoces a alguien que por cumplir un objetivo sea capaz de sacrificarse hasta dañarse y ser muy cruel consigo misma? A veces las obligaciones que nos imponemos nos pueden llevar a maltratarnos constantemente. El problema no es que busquemos cumplir metas, sino lo rígidos y hostiles que podemos ser con nosotros mismos. Muchos estudiantes universitarios pueden experimentar este tipo de conductas. El objetivo es finalizar la carrera, pero pueden no dormir durante días para rendir un examen, no reconocer ningún logro porque todas son obligaciones, y hasta negarse el esparcimiento por no merecerlo. La rigidez con la que una persona actúa para cumplir con sus objetivos lo puede volver vulnerable frente a un manipulador, que podría tocar constantemente la sensible fibra de la insuficiencia para que termine haciendo lo que él quiera. No es casual que muchos jefes manipuladores puedan aprovecharse de esto con algunos empleados en particular.

- Sobrecomplacientes: existen otras personas que, por una educación rígida o por la búsqueda de aprobación, son tan desposeídos y entregados que pueden convertir su generosidad en vulnerabilidad. Hay un gran valor y nobleza en ofrecerse a los demás, pero si esto ocurre como un tipo de compulsión e inercia puede llegar a ser un problema. Si un manipulador descubre lo ilimitada en generosidad que puede ser una persona, y si además a esa persona le cuesta decir que no, entonces encontrará en ella una fuente de recursos de todo tipo, llámese tiempo, dinero, energía, dedicación y cualquier cosa que precise. Por último, nos toca resaltar que la entrega de recursos también puede ser un ejercicio de manipulación si el objetivo es jugar con la culpa de la persona cuando nos rechace.

- Ingenuidad: aquí debemos ser muy cuidadosos, ya que a veces podemos oscilar entre la ingenuidad y la paranoia con mucha facilidad. La ingenuidad depende de muchos factores, es una especie de sumatoria entre el desconocimiento, el optimismo y la credulidad. En nuestro mundo moderno hay lugar para lo mágico y sorprendente, pero también nos toca ser críticos y a ratos desconfiados del mundo que nos rodea. Aunque sea un ejercicio cruel, considerar que no todo es tan bello o ideal como parece nos puede mantener prevenidos de muchos problemas. Cuando un manipulador detecta la ingenuidad de una persona, no dudará en utilizarla a su favor.

Puede que suene un poco triste, pero, los componentes que nos ayudan a crecer como personas y a construir un mundo más justo y amable, tales como la empatía, el optimismo, la consideración y la responsabilidad, también son los componentes que busca un manipulador para poder hacerse de víctimas. Sugerencia: continuar aplicando todos nuestros valores, pero con mucho criterio y crítica de cómo lo hacemos y con quién.

7

LA INEVITABLE DEPENDENCIA EMOCIONAL

Son incontables las veces que recibo pacientes en la consulta que, luego de que les hayan roto el corazón, se llenan de tristeza, decepción y rabia. Luego de eso se prometen a sí mismos (y al mundo) que no volverán a amar, que no se repetirá que confíen en alguien y que comienza una nueva época en la que se priorizarán por sobre todas las cosas.

Son pacientes que anhelan quitarse de la memoria la historia de amor que los llevó a terapia, o mejor aún, anhelan no volver a experimentar nunca más algo así, para poder evitar toda vulnerabilidad emocional.

Está claro que muchas personas son sensatas y comprenden la imposibilidad de esa misión, pero, por el dolor que están pasando, con el corazón roto en la mano, no dejan de pensar que algo así realmente les gustaría, por lo que terminan pidiendo en terapia que los psicólogos hagamos lo posible para que ocurra. Éticamente a los psicólogos nos toca frustrar esa petición; para aliviar ese dolor, proponemos a las personas que trabajen sobre ello.

Cuando vivimos una bucólica e hiriente historia de (des)amor, terapéuticamente hablando, es recomendable trabajar en dos procesos, comprender y aceptar, que no son sinónimos desde ningún punto de vista: comprender es un ejercicio de la cognición y al servicio de identificar matices y contextos, mientras que aceptar es un ejercicio emocional para comprender nuestras limitaciones. Comprender es un trabajo activo para la búsqueda de sentidos, aceptar es un trabajo pasivo que implica dejar de luchar y aceptar que no todo tiene un sentido.

¿Cómo podemos comprender la dependencia emocional? Primero identificando que es parte de nuestra vida o, mejor dicho, que en algún momento de ella fue necesaria para subsistir. En nuestra infancia no solo necesitamos de los cuidados básicos de techo, alimento y comida, sino también de la interacción de nuestras emociones con la de los demás. En esa convivencia emocional aprenderemos a comprender nuestro contexto y su clima emocional, para responder a ello de la forma en que supongamos más adecuada.

Dice Minuchin (2009), un terapeuta de familia argentino, que frente a los modelos familiares hay dos cosas que hacemos y combinamos para construirnos a nosotros mismos, casi sin punto intermedio: asimilarlo y hacerlo propio, diferenciarnos y buscar alejarnos de ello. Por esto dos personas que han crecido en la misma familia pueden tener ideas muy diferentes.

En la infancia, la fusión de nuestras emociones con la atmósfera familiar es inevitable, pero en nuestra etapa adulta las cosas cambian drásticamente. El problema es que muchas veces llegamos a la adultez con heridas sufridas en la familia y no siempre hemos tenido la oportunidad de comprender nuestro mundo emocional, encontrar redes de apoyo, identificar espacios seguros y poner límites prudentes para nuestra salud. A veces incluso aprendemos todo lo contrario en nuestras familias.

Experimentar emociones no significa que aprendamos de ellas; de hecho, la psicología como ciencia hace poco que ha comenzado a otorgarle interés al papel de las emociones, en los últimos treinta años. Antes de eso, eran las conductas y los pensamientos lo único que importaban, dando a entender que eso era así porque al cuerpo y a la mente se los podía gobernar, mientras que a las emociones no.

Aunque el interés científico por las emociones ha cambiado, aún queda mucho por investigar. No obstante, también hemos aprendido sobre ellas en los últimos tiempos:

- Existe la inteligencia emocional y requiere de un aprendizaje. Además, significa que la inteligencia tiene una versión nueva que ni siquiera imaginamos que existía.

- Que las emociones no están en el corazón, sino en el conjunto de diferentes reacciones, incluyendo el cerebro, el estómago y hasta los intestinos.

- El apego en nuestra infancia es una especie de precursor de nuestro modo de lidiar con nuestras emociones frente a las dificultades en la etapa adulta.

- Las emociones tienen un proceso terapéutico autónomo y no son solo un efecto de la cognición o del cuerpo.

Aun así, aunque el panorama sobre nuestro mundo emocional esté más claro, todavía experimentamos muchas dificultades de pareja en nuestra etapa adulta. Si tiramos del hilo conductor, llegamos a nuestra infancia y a las experiencias familiares. ¿Por qué ocurre esto? ¿Cómo se da la contradicción de que, en una familia, donde se suele anunciar cuidado y protección, recibamos tanto daño y maltrato muchas veces? Una de tantas respuestas posibles es: POR LOS MITOS E IMPOSICIONES SOBRE EL AMOR QUE RECIBIMOS.

7.1. Mitos e imposiciones de la familia

Tengamos el sano ejercicio de dudar de todas las certezas que nos rodean, incluso de las que parecen más estables.

Dudemos también de nuestras familias, lo que siempre creímos como bueno, cierto o saludable. Ahora que abrazamos el escepticismo, le pido al lector que se fije en la siguiente serie de afirmaciones que escucho con mucha frecuencia dentro y fuera de las consultas, y que, honestamente, no estoy tan seguro de que valga tanto la pena defender.

Debo advertir que pondré en duda afirmaciones popularmente aceptadas y que incluso suenan positivas y benevolentes, pero que cuestiono muchísimo, así que es esperable que se me considere antipático por ello.

7.1.1. LA FAMILIA ES LO MÁS IMPORTANTE

¿Quién dice que la familia es lo más importante? Casualmente la propia familia es quien lo dice. Es curioso que así sea. Es como si el vendedor de zapatos nos dijera: «Los zapatos son lo más importante» y confiásemos en que no hay ningún tipo de segunda intención en ello. Las familias se venden a sí mismas como lo prioritario en la vida de las personas, diciendo cosas como:

- La familia es lo primero.
- La familia siempre está.
- La familia es un refugio.
- La familia te acompañará pase lo que pase.

Estos mensajes son alentadores y afectuosos, pero ¿es así realmente? ¿Se cumplen esas premisas siempre? ¿Para todos? Puedo dar cuenta de alumnos y pacientes que no se sienten identificados con estas afirmaciones y que además tienen experiencias (posiblemente traumáticas) en la memoria y el cuerpo que les demuestran que la familia nunca ha respetado esos dichos.

La familia tiene tanta capacidad de reparación como de producir daño. Todos podemos identificar los microcrímenes que se producen en el seno de la familia. Además, nos toca reconocer que no siempre la familia es un lugar seguro donde abunda la comprensión. Es relativamente sencillo para todos identificar los problemas que tenemos en la familia y cómo muchas veces convivimos con profundas injusticias, heridas abiertas, desengaños amorosos y secretos punitivos.

Para muchas personas estas frases son imposiciones, e incluso contradicciones, que les hacen vivir crudamente el contraste entre la familia que tienen y la que le dicen que deberían tener. La hipocresía, la falsedad y las mentiras son recursos y herramientas comunes en una familia que promueve lemas de unión y recuperación, pero tienen prácticas completamente maltratantes, y esto puede ocurrir en todo tipo de problemas. Algunos ejemplos de estas contradicciones:

- Una familia con mucha violencia (incluyendo gritos y golpes) pero que en Navidad profesa buenos augurios para todos. Algunos adultos piden recordar que la familia es lo más importante.

- Un hijo adolescente, que se siente solo y castigado, escucha cómo sus padres profesan valores de unión y protección en la reunión de amigos.

- Un nieto que conserva un secreto doloroso y por el que identifica que no hay comunicación posible ni acompañamiento alguno.

Cada vez que el afecto es una imposición, por más bondadosa que sea la intención, se produce confusión entre lo que es y no es amor. Los lemas se convierten en mandatos y a las personas nos va realmente mal obedecer mandatos que no se corresponden con nuestro día a día. Sentirse obligados a sostener y a querer nos lleva, fácilmente, a que rompamos los parámetros de tolerancia y aceptación del maltrato.

Si la familia dice ser lo más importante, ¡genial!, pero debe demostrarlo, tomando decisiones y conductas que sus miembros puedan apreciar e identificar para que el lema se sostenga con la realidad. Caso contrario, el mandato de «la familia es lo más importante» es una promesa vacía. Si en nuestra infancia recibimos un mandato de amor familiar que no se respeta, ¿qué harán en su vida adulta buscando parejas las personas que convivieron con la contradicción entre el mandato y las conductas de la familia?

Como terapeuta familiar y de pareja recibo muchas veces consultantes que esperan que mi trabajo haga que se quieran más y que puedan sacarse una bonita foto para Navidad, o que consiga que las parejas se mantengan unidas y evitar la separación. La realidad es que estos no son los objetivos de los terapeutas relacionales, más bien nos interesa ayudar a que las personas definan sus relaciones, a identificar los efectos de sus actos en los demás, a dimensionar la comunicación y sus dificultades, a conocerse más a sí mismos y sus familias, y a ser más responsables de sí, además de otros objetivos específicos de cada caso.

Si una familia profesa que son lo más importante pero imparten dolor a diestro y siniestro, sus miembros pierden por completo los límites en nombre del amor.

7.1.2. LA FAMILIA ES PARA SIEMPRE

Frente a la incertidumbre y a las crisis, muchas veces se les recuerda a los miembros que la familia es para siempre, y que, por tanto, pase lo que pase, les tocará perdonar o tolerar lo que sea que ocurra. Pero no es solo una tolerancia frente al problema, sino que también suele proponerse una rigidez, se pide que nada cambie. Es como si dijeran: «No importa lo fuerte que es el golpe que recibas, en especial si viene de dentro de la familia, debes tolerarlo y procurar que nada cambie, por el bien de la familia».

¿La familia realmente es para siempre? No, no lo es. El lazo sanguíneo y la carga genética sí son para siempre, pero la relación familiar se sostiene más por mandato. Esto significa que, en los tiempos actuales, tenemos más libertad de la que creemos para elegir las relaciones familiares que consideramos más saludables para nosotros.

Los terapeutas sistémicos definimos hoy la familia como el grupo de relaciones más significativas en la vida de una persona. En terapia se continúa estudiando a la familia de origen de los pacientes para que puedan comprenderse mejor, pero esto no significa que se deba mantener con ellos, a toda costa, una cotidianeidad, y mucho menos tolerar maltratos sostenidos en el tiempo.

A veces a los grupos familiares les cuesta asumir un cambio y aceptar que lo que proponen como modelo de familia no resulta funcional ni saludable para algunos de sus miembros, y deben resignarse y dejar de presionar; caso contrario se corre el riesgo de una grave crisis que podría incluir la aparición de sintomatología y problemas.

En muchas familias se sostiene este lema:

«La familia es para siempre y, por lo tanto, debe ser lo prioritario»,

pero el mensaje implícito que no se dice, pero se vive, suele ser:
«... y no importa lo violentos, descalificadores, manipuladores, negligentes o desoladores que seamos; somos y seremos lo primero siempre».

Caso 1. Se trata de una histórica familia de abogados. Uno de los hijos se encuentra en el último año de sus estudios secundarios y sabe desde hace tiempo que tiene una profunda vocación por el teatro, pero también sabe que esta decisión no será aceptada y apoyada por su familia. Recibe desde muy pequeño el pedido de que sea abogado, que es un oficio digno y representativo de la familia, que tiene todo para sumarse al despacho familiar y continuar una respetable tradición que se ha mantenido durante más de cinco generaciones. Escucha también desde pequeño que la familia es lo primero y es para siempre, por lo que entiende muy rápidamente el terrible dilema al que se enfrenta, pues ya ha recibido anuncios del problema y de las consecuencias que le espera si insiste con su interés por el arte. La familia es tan importante que no importan sus gustos o necesidades.

Caso 2. Dos hermanos se respetan lo justo y necesario, pero nunca han conseguido construir una nutrida historia fraterna con anécdotas y complicidad. Si se lo proponen podrían rivalizar con mucha facilidad, pero optan por el desencuentro como medida de solución. El vacío entre ellos es entendido por el resto de la familia como un grave problema, ya que no pueden tolerar que no se lleven activamente bien y que se busquen mutuamente «como buenos hermanos». Para la familia no es suficiente el NO conflicto, sino que se pretende mucha cercanía entre ellos. Para los hermanos el asunto es más claro de lo que el resto cree: simplemente no se caen bien, tienen ideas diferentes, no comparten *hobbies,* profesan diferentes valores, pero ambos reconocen el peso que recae sobre ellos junto con la presión y expectativa de que «los hermanos estén unidos, porque es la ley primera» (Hernández, 2011, vers. 4691-4696). El modo en que se sienten forzados a estar cerca les produce mucha más rabia y rechazo de la que el resto de la familia imagina.

Caso 3. Una joven universitaria experimenta profundos síntomas de ansiedad e impulsividad. Pocos años atrás se encontró extremadamente incómoda por el novio de una de sus tías, quien se le había insinuado en varias ocasiones. Como último movimiento la presionó acosándola mientras la acorralaba en una reunión familiar. Aquel hombre no llegó ni a besarla gracias a las amenazas que ella profirió como defensa, pero, cuando le contó lo ocurrido a sus padres, estos no le brindaron el apoyo que ella buscaba. Al inicio minimizaron el hecho, ya que «por suerte no había pasado nada»; en segundo lugar, le pidieron que fuese discreta con el tema, «para no poner mal a la familia»; por último, le dijeron que no estaba bien angustiar a la tía con aquello, porque «estaba ilusionada con su pareja y le costaba encontrar una». Con toda esta información, ella intentó conservar la cordura y llevar la procesión por dentro, pero en cada encuentro familiar no podía evitar sentir cómo la obligación del silencio detonaba sus temores y vulnerabilidades.

La familia puede ser para siempre, pero para hacerlo saludablemente deberá adaptarse y sostener sus convicciones en la medida que no aplasten los sufrimientos individuales. El grupo familiar tendrá una mejor salud mental si consigue reconocer a sus miembros y cambiar sus fundamentos en función del contexto y la actualidad.

En los siguientes cuadros comparto algunas preguntas que creo sensatas que podamos realizarnos. Ya sea que seamos hijos o padres, nos servirá para dimensionar mejor qué lugar ocupan los mandatos en nuestra vida. Es posible responderlas de manera escueta y no ir más allá de un sí o un no, pero no conviene hacerlo así.

Por eso aliento al lector a que dedique tiempo a reflexionar y contestar con todo el detalle que pueda.

Nota. También es un gran ejercicio para realizar con la propia familia o pareja

LA FAMILIA ES LO MÁS IMPORTANTE	
Preguntas para hijos/ nietos de la familia	¿Crees que tus decisiones personales son juzgadas según cuánto benefician o perjudican a la familia? ¿De qué manera?
	Del 0 al 10, ¿cómo de libre te sientes de decidir sobre tu vida sin considerar en primer lugar las expectativas familiares?
	¿En qué momentos quisiste priorizarte, pero no lo has hecho por miedo a decepcionar a tu familia?
	¿Este mandato tiene algún beneficio para ti? ¿Cuáles son los costos?
	¿Tu personalidad se define según este mandato? ¿Te imaginas a ti mismo sin él?
	Imaginemos que no hay costos en hablar con tus padres/ tutores sobre este mandato, ¿qué les dirías?
Pregunta para padres/ tutores	¿Cómo incorporaste este mandato en tu propia historia familiar?
	¿Qué preocupaciones te invaden si tus hijos no siguen el mandato de priorizar a la familia?
	¿Cómo les comunicas a tus hijos la importancia de la familia?. ¿Qué dirían ellos si se lo preguntamos?
	¿Este mandato fortaleció la relación con tus hijos o genera tensión? ¿Notas la diferencia entre ambos efectos?
	Pensando en tu familia de origen, ¿qué cosas de tu vida sacrificaste para priorizarlos? ¿Esperas que tus hijos hagan lo mismo?
	¿Cómo reaccionas cuando tus hijos se priorizan individualmente y no bajo las expectativas familiares?

–o–

LA FAMILIA ES PARA SIEMPRE	
Preguntas para hijos/ nietos de la familia	¿La idea de que «la familia es para siempre» te tranquiliza o te genera presión?
	¿En qué momentos sientes que debes priorizar a la familia, aunque no te sientas cómodo?
	¿Este mandato te lleva a tolerar comportamientos dañinos por parte de algún miembro de tu familia?
	Del 0 al 10, ¿cómo de libre te sientes de tomar distancia de algún miembro de tu familia?
	¿Cómo convive la idea de que «la familia es para siempre» con tu necesidad de establecer límites personales?
	¿Hay algo que te preocupa cuando te planteas romper un vínculo familiar por tu bienestar?
Pregunta para padres/ tutores	¿Qué experiencias te llevaron a sostener este mandato?
	¿Cómo esperas que reaccionen tus hijos al transmitirles este mandato? ¿Cómo reaccionas si sientes que no lo cumplen?
	¿Tienes claro cuáles son las transgresiones que no se pueden tolerar en nombre de este mandato? ¿Cómo defines esos límites?
	¿Sabrías identificar si alguien de la familia está sufriendo por sostener este mandato?
	¿Qué valores esperas transmitir con este mandato y cómo crees que tus hijos lo entienden?
	¿Este mandato fortalece la unión entre los componentes de la familia o te presiona a sostener su unidad a cualquier precio?

Siempre existirán reacciones defensivas de algunas personas cuando se cuestionan los mandatos. Es comprensible porque, aunque los mandatos puedan ser sufrientes y aplastantes, también tienen una utilidad. Si para algo sirven es:

a. Para darnos certezas en la vida, a las cuales aferrarnos frente a tanta incertidumbre

b. Para evitar que nos enredemos en demasiadas reflexiones y así poder resolver muchos problemas de manera automática.

Los mandatos han provocado grandes sufrimientos, en frases categóricas como: «Debes respetarme porque soy tu padre», sin importar lo violento, misógino o impulsivo que sea; «Debes perdonarlo porque es tu hermano», sin importar si no se ha molestado en disculparse o no haya intentado reparar el daño; o el antiguo y famoso «No me divorcio para que mis hijos no pierdan a un progenitor». Esos también son los reflejos de los mandatos, que terminan siendo la base por la cual muchas veces construimos dependencias emocionales en la etapa adulta.

7.2. La independencia emocional

Comenzaremos recordando que este estado no es viable: no existe la posibilidad (para los seres en sociedad) de vivir de manera emocionalmente independiente y sin afección alguna por los eventos y personas a su alrededor.

En muchas ocasiones no podemos evitar sentir lo que sentimos, no está en nuestro poder la aparición de algunas emociones. Muchas veces no podemos evitar que nos guste la persona que nos lastima, o la que nos ignora, como tampoco podemos hacer que nos comience a gustar una persona solo por el hecho de que no parece representar un problema. El mundo de las emociones acontece por fuera de nuestros anhelos e intenciones, pero esto no significa que estemos condenados a responder a ellas.

Entonces, si en algún momento de la vida la dependencia emocional es inevitable, y la independencia emocional no es posible, ¿cuál es el camino más adecuado a la salud mental?: la REGULACIÓN EMOCIONAL. Este es uno de los recursos prioritarios para el desempeño de la vida adulta, sobre el cual se trabaja en muchos dispositivos terapéuticos.

7.3. La regulación emocional

Simplificando un poco, y a fines prácticos, podría decir que la regulación emocional es un ejercicio personal para la comprensión del mundo interno, especialmente frente a circunstancias estresantes que acontezcan. Las emociones son espontáneas y no nos piden permiso para hacer acto de aparición; no son controlables en sí mismas, sino más bien representan *shocks* inmediatos que pueden aparecer, y de alguna manera estamos un poco a la merced de ellas. Pero eso no significa que estemos indefensos o que somos sus víctimas.

La regulación emocional implica varios componentes, entre ellos identificar la emoción o emociones que habita(n) en el cuerpo, poder bautizarla(s) para poder trabajar con ella(s), evaluar el contexto, a los interlocutores, y brindar la respuesta que resulte más adecuada.

Una manera sencilla de comenzar a trabajar sobre la regulación es recordar que el hecho de que tengamos una emoción, por muy intensa que sea, no implica que debemos responder a ella. Que te cruces con tu ex, que te excita muchísimo, no implica que te corresponda besarlo, o que estés en la obligación de responder a ese impulso que parecería incontrolable.

Un paciente muy joven se encontraba finalizando su segundo año de abogacía. Llegó a consulta con algunos síntomas similares a una depresión menor. Me contó que se encontraba muy confundido y hasta atormentado por el hecho de que su última ex, una chica de la que se había enamorado profundamente, y que luego le fue infiel, era su compañera de carrera, y que sufría no solo por el problema existente, sino también por el hecho de que le tocaría cruzar con ella a diario en la universidad. Con mucha pena me confesaba que había días en que apenas toleraba verla y que se llenaba de rabia. Me aseguraba que cada vez faltaba menos para que un día montase un escándalo en algún aula. Para colmo de males, también me contaba que la actitud displicente y negadora de ella empeoraba las cosas, ya que sentía incluso que lo estaba provocando. Se debatía así entre dos finales a los que se sentía condenado: o discutiría con ella a muerte hasta el fin de los tiempos o intentaría reiniciar la pareja una vez más.

La regulación emocional implica validar la emoción que tenemos. En mi paciente esto se traducía en que era razonable que le tuviese amor y odio a su ex en partes iguales. Si la emoción recibe legitimidad, las personas se sienten menos locas y descontroladas. Pero validar una emoción no significa que podamos hacer lo que queramos porque tenemos una emoción intensa, o que siempre debamos hacer lo que parezca que dicta la emoción.

A medida que vamos creciendo, se hace cada vez más necesario que los adultos trabajemos sobre nuestra maduración emocional, que principalmente consiste en que aprendamos a: modular la impulsividad y responder a los problemas de manera acorde con nuestras emociones. Pero, además, todo ello debe hacerse tomando la decisión más saludable a mediano y largo plazo, lo que significa que no se debe buscar la satisfacción inmediata.

Algunos ejemplos comunes de desregulación emocional:

- El amigo que se enfada, discute y pelea en los partidos de fútbol amistosos
- El estudiante universitario que hiperventila y siente toda la presión y el temor frente a un examen

- Las fuertes discusiones de los padres en los grupos de WhatsApp de las escuelas de los niños

- Las personas que entran en una especie de pánico cuando se quedan sin batería en el móvil

- Los padres que se enfadan con los hijos cuando tienen un accidente y se golpean

- Las parejas que se encuentran repitiendo un ciclo constante de separación y reconciliación, construyendo una vida patológica

---

EL PROBLEMA NO ES TENER EMOCIONES DE TODO TIPO FRENTE A LAS DIFICULTADES Y EL ESTRÉS, SINO ENTREGARNOS POR COMPLETO AL DESCONTROL Y CONSIDERAR QUE TODAS NUESTRAS EMOCIONES DICTAN Y DICTARÁN NUESTRAS CONDUCTAS, NEGÁNDONOS ASÍ LA POSIBILIDAD DE TRABAJAR PARA CAMBIAR.

Muchas veces las personas (particularmente los hombres) creen que la regulación es hacer un tipo de hermetismo, y hasta negación, de las emociones. Se aferran al silencio y a la distancia como medida de control, suponiendo que siempre es mejor callar, no decir nada, para no generar problemas; o no enfrentarse a la situación porque el resultado podría ser desastroso.

Es cierto que con el silencio se evitan algunas confrontaciones, pero estas personas pueden confundir la evitación con una forma de resolver problemas.

La regulación es el punto medio entre dos posturas polarizadas (hermetismo frente a descontrol). Ambos polos son problemáticos y no nos permiten comprender qué nos pasa y cómo mejorar nuestras decisionesFrente a una vivencia pueden existir muchos matices. Vea el siguiente gráfico:

HERMETISMO	REGULACIÓN	DESCONTROL
«Yo mejor no digo nada»	«Respiro un momento antes de responder»	«No aguanto nada»
«¿Para qué voy a hablar?»	«Esto me afecta, pero no estoy seguro aún de cómo manejarlo»	«Exploto por cosas pequeñas»
«No me pasa nada»	«Estoy nervioso/ enojado, pero sé que es temporal»	«No puedo dejar de pensar en eso»
«Apago mis emociones porque no sé cómo manejarlas»	«Prefiero entender lo que siento antes de tomar una decisión»	«No puedo evitar decir cosas que no debería»
Tortuosas implosiones	Se toman decisiones que no siempre llevan a la satisfacción	Explosiones emocionales
Intensa lucha por mantener silencio	Se evalúa el contexto y a las personas	Agresividad y descontrol
Desinterés por el mundo interno	Se identifica y se comunica la emoción vivida	Falta de palabras y conductas impulsivas

7.4. Algunas aclaraciones

No podemos creer que la regulación emocional es solamente un acto de voluntad individual, porque es más bien el resultado de un proceso personal apoyado por un contexto familiar que ayuda a la persona, lo que crea un ambiente estable y seguro para expresarlo.

Será más sencillo aprender a regularnos emocionalmente si contamos con otros adultos en quienes confiemos y les permitamos que nos pongan límites, convoquen nuestra reflexión, presten otro punto de vista, e incluso que admitamos abiertamente críticas de ello. Si no confío en que otras personas funcionen como un espejo que me muestre mi propia imagen para comprenderme mejor, será mucho más difícil llevar adelante nuestro mundo emocional.

Resulta utópico decir que debemos regularnos emocionalmente todo el tiempo, pues esto es realmente difícil, por no decir imposible. La recomendación es identificar aquellas escenas que reconozcamos como estresantes, que nos predisponen a un grado de desorganización para nosotros y que nos llevan a problemas relacionales.

Es esperable que prevalezcan algunas emociones antes que otras frente a determinados escenarios (por ejemplo, sentir miedo cuando existe algo siniestro y terrorífico), pero en el contradictorio mundo humano esto no siempre ocurre y a veces podemos tener emociones que no parecieron corresponder sensatamente con el contexto.

En otras ocasiones las emociones que sentimos están disparadas por nuestro contexto actual, pero no siempre se sostienen en ello, sino que también pueden ser el reflejo de un pasado aún sin elaborar. A veces no es que extrañemos a nuestro ex y el mundo que nos brindaba, sino que nos asusta el abandono y nos recrudece una herida de soledad. En ese momento, pensamos que lo mejor para nosotros es sostener esa compañía, aunque nos lastime.

Por último, así como en el capítulo 5 se habló sobre la aparición de la manipulación en algunos trastornos psicológicos, me toca hacer lo mismo con la dependencia.

Dentro de los trastornos de la personalidad existe una subdivisión denominada «Cluster C», donde se agrupan los trastornos caracterizados por el desarrollo del temor y la ansiedad, y allí mismo se desarrolla el de la dependencia. Es decir, existen sufrimientos clínicamente preocupantes que reciben la denominación de trastorno de la personalidad dependiente.

Se caracterizan por tener dificultades para tomar decisiones cotidianas, por ejemplo, a qué hora comer o, incluso, qué comer.
Tampoco toleran tomar ninguna responsabilidad, pues la angustia que esto les despierta es insoportable para ellos y delegan a
otros todas sus decisiones. No confían para nada en ellos mismo y
tienen un profundo temor al rechazo y, sobre todo, al abandono;
por eso no expresan ningún desacuerdo y no toman iniciativas en
ningún proyecto, incluso estando motivados y con energía.

Por último, necesitan recibir constante apoyo y aprobación, pues son
asaltados con mucha frecuencia con ideas intrusivas de ser insuficientes e inadecuados. Este es uno de los motivos que los lleva impulsiva-
mente a construir relaciones nuevas apenas se terminan otras.

Se presupone que uno de los detonantes de este tipo de trastornos son elementos como la sobre protección en la infancia,
haber tenidos experiencias muy profundas de abandono y, también, por supuesto, haber sido víctimas de prácticas maltratantes
como la violencia pasiva o la manipulación. Es decir, las personas
han incorporado una práctica de ultrasumisión como un modo
de defensa y de mantener un vínculo a toda costa.

Pero, no solo eso, sino que dichas personas también pueden
llegar a instrumentar la dependencia como una táctica de manipulación hacia los otros, por ejemplo:

- Recurriendo a la victimización para despertar compasión y
pena en el otro.

- Procurando ser excesivamente complacientes para evitar
conflictos y sostener la relación.

- Evitando decir «NO» para no ocasionar ninguna discusión y
mantener al otro en una posición gratificante.

- Anticiparse constantemente a las necesidades del otro para
simular una perfecta armonía y espontaneidad, cuando en
realidad es un mecanismo de control.

- Extremando consecuencias frente a la mínima vivencia de estrés y angustia, por ejemplo, generándose desmayos y síntomas médicos frente a cualquier discusión.

La diferencia radica en que la motivación de estas personas no es la destrucción o el control absoluto del otro. No están inspirados en la manipulación y/o en conducir al otro a planes siniestros, sino que están impulsados por el miedo al abandono y al rechazo, y procuran, por todos los medios, ni siquiera oler de lejos la posibilidad de volver a vivir ese tipo de angustia. Antes que una estrategia por el poder, los mueve la ansiedad.

8

SOLEDAD, ABANDONO Y REPETICIÓN

Que yo extrañe a mi ex, o que su aparición y gestos me confundan, no implica que debo acudir a su llamada. Él no muestra cariño hacia mí, solo busca satisfacción para él.

Esta fue la emblemática conclusión a la que arribó una paciente luego de algunos meses de terapia. No fue nada fácil llegar hasta allí, pues tuvo que romper con diversas creencias que la empujaban a confiar en cualquier muestra de interés de parte de su ex. También debió dejar de suponer que, por la historia del pasado, todo riesgo valía la pena ante la posibilidad de un futuro.

Asumió que la versión ansiosa y emocionada de ella misma, que se disparaba cada vez que su ex aparecía, no era una parte de ella en la que podía confiar, y que debía apostar más por las reflexiones a las que llegaba en terapia que por las emociones que le surgían en cada chat con él.

Por ello comenzó a incorporar una conclusión para sí misma como si fuera un mantra que la ayudase a no responder de manera compulsiva y ansiosa a los llamados de su ex, con el que siempre repetían la misma secuencia: encuentro sexual, desencuentro afectivo, aplicación de distancia como castigo, excusa para una charla y volver a empezar.

Aunque con el mantra el avance fue notable, no era suficiente, ya que todo eso que había conseguido pertenecía a un mundo más reflexivo y cognitivo; pero en su parte emocional, e incluso en su cuerpo, surgían sensaciones muy contrarias que le impulsaban a tomar decisiones que luego le hacían daño. Las emociones, mejor dicho la búsqueda del placer, nos lleva a tomar decisiones que nos recompensan inmediatamente, sin importarnos el costo a largo plazo que suponen.

Parte de regular nuestras emociones es aprender a incorporar los tiempos de espera y a dimensionar que la postergación del placer inmediato es frustrante, pero que implica, en la mayoría de los casos, una decisión favorable a la salud mental a medio o largo plazo. Pero no lo digo solamente yo, esta es una variable de estudio que se tiene en cuenta desde 1957, con Mischel y el experimento de los niños y el malvavisco, hasta las propuestas de Goleman de 2004 sobre los elementos que componen a un líder.

Nota para padres/tutores. No es nada fácil, pero vale mucho la pena dedicar tiempo a los hijos para trabajar específicamente sobre los tiempos de espera y la postergación de la recompensas, pues así se practican habilidades fundamentales para el manejo de las emociones en etapas posteriores.

Este es uno de los motivos por los cuales se construyen muchas historias de dependencia emocional. Ocurre que, cuando se da una ruptura, muchas personas no experimentan solo el dolor por esa crisis, sino que también reviven los ecos de temores y sufrimientos del pasado, entre ellos la soledad y el abandono.

8.1. La soledad

¿No es precioso acaso el momento en que decidimos suspender durante un fin de semana la vida social, tomarnos tiempo para nosotros, dejar todos los teléfonos a un lado, no acudir a ninguna reunión, estar para nadie (o casi nadie), descansar en nuestra comodidad y recargar así nuestra batería? Me atrevo a decir que es incluso saludable. Pero sentirnos cómodos con esa escena y elegirla reiteradas veces no significa que nos guste la soledad.

La soledad que nos atormenta, la que nos duele y que buscamos evitar es aquella que no elegimos, es la que se nos impone, o peor, la que alguien nos impone, más cuando es una persona de la que no queremos alejarnos. Escucho en muchas historias de sufrimiento cómo el miedo a la soledad se apodera de las personas y las impulsa a tomar decisiones muy desfavorables, incluso a sostener dolores que son mucho más peligrosos (o mortales) que la angustia de la soledad.

Una mujer de 42 años llegó a la consulta muy agotada y frustrada por un ciclo que repetía con una persona. En su adolescencia había tenido diversos desórdenes alimenticios, de los que se repuso, pero con una profunda dificultad para aceptarse a sí misma. Tenía días buenos en los que se sentía cómoda, pero también muchos otros malos, y en esos se cuestionaba y se castigaba. Además de sentirse fea, en su historia había tenido pocas experiencias de pareja, pero con hombres que no pretendían nada serio, y ella se enteraba de eso luego de haber accedido a tener relaciones sexuales. Esto le dejaba la vivencia de que no era lo suficientemente atractiva como para que la tomasen en serio.

Quedó embarazada en dos ocasiones diferentes con parejas ocasionales, pero ambas resultaron en abortos espontáneos, algo que la dejó profundamente dolida y vulnerable. Aquello reforzó en ella la idea de que no era suficiente. Además, tenía un trabajo de oficina que no le gustaba y con el que se había conformado, abandonando así su interés por el diseño de moda, ya que en su juventud sintió que no tenía la capacidad ni el valor para aventurarse por ello.

Dos años antes de la consulta conoció a un compañero de trabajo de otra sucursal, que comenzó a coquetear con ella. A ella le costó mucho asimilar que aquello estaba ocurriendo, ya que tenía la firme idea de que no podía gustarle a nadie. Como él insistió, y en ningún momento le propuso sexo, comenzó a creer que aquello era posible. Él tomaba las iniciativas y se dedicó a mirarla mucho, por lo que ella comenzó a mirarlo también.

A los pocos meses se dieron cuenta de las múltiples dificultades que tenían para estar juntos. Eran impulsivos, celosos, tenían relaciones sexuales intensas donde se lastimaban, pero no parecía haber registro de placer en ello. Los hijos de él la rechazaban, discutían con frecuencia, incluso en el trabajo, y cada vez utilizaron más insultos, hasta estuvieron a punto de llegar a la violencia física.

Cuando ella hablaba con sus amigas y familiares se convertía en una mujer reflexiva que identificaba claramente los puntos patológicos de su relación, que se volvía más retorcida con cada discusión. Recibía pedidos, sermones, súplicas y hasta órdenes de todo su entorno para que no repitiese el ciclo de dependencia. En ese contexto ella lo entendía perfectamente. Pero luego, al llegar a su casa, abrir su puerta y encontrarse con las luces apagadas y el profundo silencio, el miedo a la soledad la consumía. No podía evitar proyectar una vida sin pareja y sentir por ello un dolor inconmensurable. Ya se venía lamentando casi a diario de no poder tener hijos propios, pero que además no pudiera tener una pareja estable le llenaba de dolor; por eso se aferraba a la única persona que había parecido mostrar un interés genuino por ella.

¿Quién me va a querer a esta edad? ¿Dónde voy a conseguir a alguien que se fije en mí ahora? Ya se me pasó el arroz,

no tenga nada que ofrecer. Él es la única persona a la que le he importado en treinta años.

Estas eran las frases más comunes que se repetía a ella misma. Sabía que no eran ciertas, o que al menos podía dudar de ellas, pero siempre la sombra de la soledad caía sobre su desesperación y ansiedad. Cada vez que terminaba con una pareja se veía asaltada por estas ideas. Por eso creía que, con un poco más de voluntad y buenos modales, aquel intento sería el bueno.

Pero todo cambió cuando se enteró, casi por accidente, por medio de otro compañero, que «su pareja» había comenzado una nueva historia con una compañera de la sucursal donde trabajaba. Entendió que no lo toleraría, renunció a su trabajo y solicitó el turno en terapia.

¡Era eso justo lo que necesitaba, que hiciera algo para que yo terminase de ver la realidad! Pudo ser cualquier cosa, lo que sea: que se mudase, que fuese papá otra vez, o algo peor... Lo que fuese para que yo terminara de salir de allí.

En esta oportunidad la paciente consiguió encontrar el límite en una decisión del otro. Tranquilamente pudo haber redoblado la apuesta y comenzar una lucha en un triángulo amoroso, pero en alguna parte de toda la locura halló una marca limitante que le dijo. «Hasta aquí». En general, esa marca es la dignidad que las personas deciden sostener.

Para ella, la vara estaba puesta en no pelear con un tercero por una historia de amor, por eso durante el proceso terapéutico se debía trabajar en subir la vara de su dignidad, para tener definiciones más claras y saludables de los límites.

8.2. Abandono

Entre las tragedias humanas más frecuentes está el abandono como parte de la experiencia vital. Hay todo tipo de historias que dan cuenta de ello, pero, durante las terapias de familia y pareja, muchos familiares se llevan la sorpresa de que alguno de sus miembros se ha sentido abandonado y ellos no lo sabían.

La vivencia del abandono es una experiencia muy personal que puede ser difícil de asimilar y dimensionar por parte de las demás personas, pero además puede ser un sentimiento muy volátil. En eso comparten una característica con la ansiedad: a veces se necesitan mínimos estímulos para tener grandes efectos y sensaciones.

A veces es por un mensaje de WhatsApp que se demora en llegar, otras veces por no recibir una palabra de aliento, la postergación de una cita, una reunión que no nos incluye e incluso por no recibir un saludo. Si una persona no elabora su historia y sus emociones, el sentimiento de abandono podría estar detrás de cualquier gesto, objeto o persona.

Hay dos reacciones muy frecuentes frente al abandono o la posibilidad de este. De manera preventiva algunas personas optan por desalentarse y abandonar cualquier escena que crean que les puede producir la angustia. Así intentan evitar la frustración, abortando y rechazando cualquier atractivo o gusto por alguien, por ejemplo diciendo: «A mí ya me han tratado mal antes, así que prefiero abandonar cualquier idea de amor, aunque me gustes». Prefieren perder el partido antes de jugarlo.

Mientras, en otras oportunidades, el miedo al abandono se intenta contrarrestar con el control. Esto es más probable que ocurra con una relación ya establecida, en la que, frente a cada desencuentro, se intentan maniobras unilaterales para que el otro cambie y así evitar todo lo posible esa experiencia de abandono.

Lo curioso es que muchas veces las personas entran en un bucle y en lugar del abandono se viven otras emociones, como la rabia, la tristeza y la ansiedad. A esas personas les resulta mejor vivir estas emociones antes que reeditar su profundo temor a ser abandonados.

Está claro que es un mal negocio, pero de alguna manera se elige el menor de dos males.

La dependencia emocional muchas veces se ampara en la huida del abandono. Las personas están dispuestas a pagar un altísimo precio de sufrimiento antes que volver a sucumbir a esa terrible sensación de la que huyen.

Una paciente llega a consulta completamente frustrada, porque no había conseguido convencer a su novio para que la acompañara. Estaba muy enfadada. Llevaban más de cinco años de relación y estaban en una situación muy desgastante: ella le reclamaba constantemente que colaborase con la relación, en la casa, en la economía y hasta con las actividades lúdicas; él parecía mantener una actitud distante, desinteresada y desenfadada, como quien está muy seguro de que nada cambiara y por ello no importa tanto si uno se esfuerza o no.

Ella pasó muchas sesiones (individuales) llorando, penando y quejándose de la desatención de él. Cuando comenzó a recuperar el aliento y la concentración identificó que hacía mucho tiempo ya que quería separarse, que hacía años no encontraba absolutamente nada en la pareja que la sostuviera y que estaba muy segura de que él no cambiaría. Ya se sentía sola y abandonada en la relación, pero le asustaba mucho lo que pasaría una vez que todo se terminase. Identificó que el dolor diario por la frustración y la rabia que sentía le resultaba mucho más tolerable que la firme confirmación del abandono de una pareja terminada.

A veces las personas sostienen la pareja por la idea introyectada que tienen de cómo quieren que sean las cosas, aunque la vida cotidiana les demuestre lo contrario. Por ello tienden a esquivar sus emociones y experiencias del día a día, que le muestran la realidad de la persona que tienen enfrente.

8.3. Repetición

Es sorprendente la habilidad que tenemos las personas para adaptarnos a todo, incluso a los más terribles dolores, a las frustraciones y hasta a la violencia. Aprendemos las secuencias sufrientes de nuestras relaciones patológicas y las sostenemos.

Muchos modelos terapéuticos han identificado que las personas tenemos una tendencia a repetir nuestras conductas y que nos cuesta mucho cambiarlas, incluso si tomamos decisiones realmente problemáticas. ¿Pero cómo se explica que en muchas ocasiones actuamos como las moscas que son atraídas a las luces fulminantes? ¿Cómo se explica que muchas veces tomemos decisiones sabiendo que no harán sufrir?

Hay tantas respuestas posibles como propuestas psicológicas existan, pero en el caso de la dependencia emocional hay algunos puntos que vale la pena resaltar para empezar a comprender.

8.3.1. EL APRENDIZAJE DE LAS EMOCIONES

Las personas que van a terapia se suelen encontrar con la frustración de que muchas veces aprenden de sí mismas y comprenden sus problemas, pero, aun así, no consiguen cambiar las emociones que sienten. Resulta que lleva tiempo aprender sobre las emociones y cómo tener conductas que beneficien algunos estados antes que otros. El problema es que el camino del aprendizaje es más tortuoso que placentero, ya que las personas lidian con muchos factores al mismo tiempo.

Cuando atravesamos una ruptura amorosa que nos produce dependencia, incurrimos en un estado similar al de la abstinencia que atraviesan las personas con problemas de consumo. Así como ellos deben lidiar con la tentación de llamar al *dealer* o ir a un bar, el dependiente debe hacerlo con la tentación de enviar un mensaje o recaer en un encuentro sexual, entre muchas otras posibilidades.

Frenar el impulso, renunciar a la obstinación o elegir la aburrida armonía antes que el excitante conflicto es un trabajo que requiere disciplina y muchos muchos intentos. No es sencillo para las personas sostener una decisión a largo plazo, cuando a corto plazo sienten que sufren mucho. Es como aferrarse a una promesa que no están seguros de si se cumplirá. Postergar la satisfacción inmediata es un gran logro terapéutico.

8.3.2. LA INERCIA

Como veníamos diciendo, no tenemos tanto control sobre las emociones, más bien vamos por detrás de ellas, algunas veces haciendo lo mejor que podemos y otras repitiendo conductas sin entender muy bien por qué lo hacemos.

Muchas veces repetimos conductas porque nos amparamos en mandatos sociales, y sobre todo familiares; otras veces repetimos conductas porque no hemos incorporado algún aprendizaje al respecto, y construimos la idea de que la mala experiencia relacional que tuvimos es «mala suerte» o que <tod@s son iguales»; finalmente, otras muchas veces repetimos conductas (y malas decisiones) porque nos encontramos atrapados en la inercia del día a día.

La obligación de producir es realmente difícil de derribar. Aquí cobra especial interés las actividades laborales y metas que cada persona tiene. Hay pacientes que tienen rutinas realmente intensas, que combinan dos trabajos, una carrera, hijos, *hobbies* y muchos otros objetivos, y para poder sostener todo ese complejo mecanismos, que muchas veces es muy frágil, entran en ciclos de repetición constante, en los que se concentran en producir y pocas veces en sentir, evaluar, ponderar y resignificar.

No queda demasiado tiempo para la profundidad de las emociones cuando hay muchas cuentas que pagar, bocas que mantener y metas por cumplir. Es absolutamente noble que las personas tengan estos objetivos, pero lastimosamente esto no quita el hecho de que deban reflexionar y comprender el costo personal que esto tiene.

En las historias de dependencia emocional suelen ocurrir dos cosas:

- Una persona sumida en una inercia laboral conoce a otra persona que la deslumbra y le da a su ajetreada vida una inyección de adrenalina que le resulta realmente emocionante. Ahora se sobreexplota, para que, a su cansado sistema, se le agreguen todas las complicaciones de una pareja que le emociona pero la consume.

- Una persona que se encuentra en una pareja en la que han desarrollado una codependencia comprende el ciclo de maltrato, pero puede llegar a creer que no tiene tiempo como para evaluar qué es lo que ha ocurrido y simplemente asume que «así son las cosas».

Hay muchos otros motivos por los cuales tendemos a repetir conductas, historias y relaciones de dependencia. A veces es porque en la infancia hemos recibido heridas y dolores que nos persiguen en nuestra etapa adulta; otras veces es por la escasa validación que hemos recibido y eso nos pone en lugares vulnerables donde buscamos atención a toda costa; también puede ser porque hemos incorporado y naturalizado conductas de maltrato y simbióticas como esperables y obvias en toda pareja. Resulta adecuado por ello pensar (o ir terapia) sobre cuáles son los motivos posibles por los que se construye la repetición en la dependencia emocional.

Encontrarás aquí algunas preguntas, genéricas pero probablemente útiles para comenzar a dimensionar la dependencia emocional que construimos en algunas relaciones.

- ¿Sientes que tu estabilidad depende de la atención o el cariño de tu pareja?

- ¿Has dejado de lado cosas/temas/actividades que son muy importantes para ti, solo para complacer a tu pareja o evitar conflictos?

- Aunque una relación te genere mucho sufrimiento, ¿te resulta difícil imaginarte sin esa persona?

- Cuando hay maltrato, ¿resulta fácil encontrar explicaciones para las actitudes negativas de tu pareja para evitar tener que darlas?

- ¿Tiene sentimiento de culpa por no cumplir las demandas de tu pareja, aunque sean excesivas?

- ¿Sientes ansiedad o temor ante la idea de que tu pareja se aleje en situaciones cotidianas?

- ¿Aceptaste comportamientos que antes no habrías tolerado de ninguna manera?

- ¿Necesitas la aprobación o supervisión de tu pareja para tus decisiones simples?

- ¿Sientes una fuerte y constante necesidad por compartir tu vida, al punto que no consigues disfrutar de tu soledad?

- ¿Llegaste a creer que solo podrías estar mejor si tuvieras pareja?

- Cuando conoces a alguien que te gusta, ¿cambias drásticamente tus rutinas, pensamiento y hasta gustos?

- ¿Es muy sencillo para ti pensar en grandes planes con personas que conoces hace poco tiempo?

Para terminar este capítulo quisiera destacar que hay un elemento recurrente en las personas que tienden a construir una dependencia en diversas relaciones: la INGENUIDAD. Tiene buena prensa la idea de ser siempre espontáneo, honesto y confiado, pero en el mundo de las construcciones relaciones, y teniendo en cuenta que hay mucho en juego, cuando construimos una pareja a veces vale la pena conservar algunas cuotas de desconfianza y hacerlo saber, o tomar decisiones estratégicas que nos prioricen.

Aunque no vale la pena desconfiar y no decirlo, o hacer cálculos para descubrir al otro, sino que estas estrategias conviene que se apliquen para comunicarnos y para hacerle saber al otro que no somos juguetes que no preguntan y solo aceptan.

9

APEGO, ANSIEDAD Y NEGACIÓN

9.1. El apego

En los últimos años el término *apego* ha ganado mucha popularidad y se ha convertido en una variable de interés para profesionales de la salud mental y el público en general. La palabra pareciera haber llegado como una explicación necesaria para muchas personas que necesitaban comprender por qué reaccionaban del modo en que lo hacían frente a los problemas.

Pero el concepto no es nada novedoso, sino que comenzó su recorrido en 1958 con John Bowlby. ¿Sabías que fue popularizado también por los estudios y experimentaciones de Mary Ainsworth (1964, 1967, 1989)?

Básicamente el apego hace referencia al hecho de que los niños buscan de sus padres/tutores algo más que cubrir sus necesidades básicas de alimento o refugio, entre otras, de ellos también buscan un vínculo emocional que les brinde seguridad. Sí, seguridad. Resalto esto último porque no es recomendable confundir amor con apego, como si fueran sinónimos. Podríamos decir que el amor es un concepto mucho más amplio, que dispone de muchas formas y que la seguridad es una de ellas, pero muy específica y especialmente importante en los momentos de tensión, estrés o discusión.

Luego de un tiempo se clasificaron diferentes tipos de apego y se volvieron aún más populares las figuras del apego ansioso y el apego evitativo, que incluso son mencionados en las redes sociales.

Incluso el apego a adquirido un carácter predictor: se indica que determinado apego en la infancia produce determinadas conductas en la etapa adulta. Esto a los psicólogos nos ayuda mucho a comprender la vida de las personas y dimensionar el origen de muchas conductas maltratantes, muchas veces autodestructivas, que pueden llegar a tener los pacientes.

Alejandro y Ana son una pareja que se conoció en una fiesta universitaria. Él fue encantador con ella, prestaba atención a su historia, por lo que podía indagar y memorizar detalles que a ella la sorprendían. La miraba con ternura y firmeza y ella quedó cautivada. Además, él era muy ocurrente y se encargaba de que hubiera pocos silencios con mucho entretenimiento.

Ana, por otro lado, era muy amable, pero reservada. Contaba cosas de su vida, aunque nada profundo, y se sorprendía cuando él hacía preguntas con mucho interés por algo que, según ella, no interesaría a nadie. Se sentía un poco cautivada y notaba el genuino interés de él. A ella le pasaba algo similar, pero por vergüenza intentaba que no se notase tanto; sin embargo, las ocurrencias de él lo hacían muy difícil y, casi apretando los dientes, se le escapaban risas con Alejandro.

Pero, además de estos detalles, había comenzado un juego de gato y ratón que les resultaba muy cautivante a ambos. Alejandro notaba la distancia de Ana, pero también percibía los momentos en que conseguía romper la pared de hielo que ella proponía. Y así se motivaba, por las pocas afirmaciones frente a muchas frustraciones. Ana se confirmaba en todas sus negativas e invitaciones, lo que le daba firmeza, pero en parte esperaba que él pudiera mantener el interés hasta que ella se sintiese segura en lo que ocurría. Cada vez que ella ponía distancia y él se las ingeniaba para reducirla, Ana sentía un fuerte sentimiento de atracción.

Así siguieron hasta establecerse como una pareja en toda regla. Todo llevó un curso esperable hasta que el modo en que se conquistaron (él avanzando y ella esquivando) prevaleció también en el modo en que se enfrentaban a las discusiones. Sea cual sea el problema, Alejandro necesitaba aclarar las cosas y hablar de todo lo que ocurría hasta encontrar una solución, algo que sonaba razonablemente adecuado.

Pero Ana, frente a las discusiones, necesitaba tomarse un tiempo para no ser imprudente, se sentía bloqueada por el estrés del momento y abogaba por mantener cierta calma y silencio para meditar su próximo paso, algo que también sonaba razonablemente adecuado.

Para cada uno de ellos la propia conducta era respetable y era lo que mejor se podía hacer; sin embargo, en combinación, el juego del gato y el ratón se volvía cada vez más cansado, frustrante y decepcionante.

– Alejandro: ¡Ana, por Dios, decime algo, no te quedés callada!

– Ana: (...)

– Alejandro: Parece que estoy hablando con una pared. ¿Tan poco te importo?

– Ana: ¡Qué más puedo decir! ¡Ya dijiste todo!

– Alejandro: ¿De verdad eso es lo que tenés para decir?

– Ana: ¿Ves? No importa lo que diga, siempre son críticas, nunca es suficiente.

– Alejandro: Nunca es suficiente porque nunca decís nada...

– Ana: Nunca digo nada porque nada te alcanza...

No queda en claro aún si una persona es más o menos cariñosa por el tipo de apego que prevalece en ella. Digamos que el apego no es un diagnóstico de la personalidad, sino que más bien habla sobre los reflejos primarios a los que recurre una persona en su etapa adulta, y que no siempre resulta beneficioso para sí o para otros.

También cabe aclarar que no podemos descansar, irresponsablemente, en el apego como respuesta, explicación y hasta justificación de nuestras conductas cuando entramos en un conflicto. El apego no resulta una explicación suficiente para dar cuenta de los maltratos psicológicos, de los maltratos y crueles vacíos, de la ira y la violencia, o de los lapidarios silencios y las cuentas pendientes.

A continuación se propone un sencillo cuadro que intenta comunicar al público los modos más frecuentes en que se manifiesta el apego, primero desde un punto de vista cuasi patológico, desregulado y poco recomendado; en segundo lugar aparecen alternativas posibles y frecuentemente sugeridas en los procesos psicoterapéuticos.

	Apego evitativo	Apego ansioso
Conductas desreguladas	· Guardar total silencio. · Paralizarse. · Evitar hablar de los problemas por el miedo a la consecuencia. · Aplicar ley de hielo. · No retomar conversaciones. pendientes · Inmutarse frente al sufrimiento de la pareja. · Realizar descomunales esfuerzos para evitar las emociones que se tienen. · No dar ni recibir disculpas, simular que nada pasó.	· Avasallar las conversaciones. · No conceder turnos de habla. · Atosigar con preguntas al otro. · Perseguir incesantemente al otro. · Completar las historias y secuencias con suposiciones. · Entregarse por completo a todas las emociones que se tienen. · Disculparse por todo y por las dudas.
Conductas recomendables	· Resguardarse por necesidad y tomar la iniciativa del diálogo cuando es posible. · Aclarar el contexto y la necesidad de la distancia. · No tomar distancias tajantes y castigadoras. · No aplicar ley de hielo. · Empatizar con las vivencias del otro y comunicar posibilidades.	· Diferenciar y graduar los tipos de problema y su gravedad. · Tomar distancia para no ser atrapado por la impulsividad. · Respirar profundamente para recobrar la claridad. · No compilar en una discusión todas las discusiones anteriores. · Empatizar con las vivencias del otro y comunicar posibilidades.

Todo lo anterior habla de la combinación evitativo-ansioso, pero los problemas tienden a escalar si dos personas con apego ansioso se encuentran, y la dependencia emocional puede pronunciarse aún más. Uno de los principales motores de la dependencia es la búsqueda de la validación, que se vuelve esquiva, y por ello muy atractiva de parte de una persona evitativa.

Nota al público. Antes de intentar descifrar qué tipo de apego tiene el interés amoroso de turno, vale mucho más la pena que conozcamos el propio y, de ser necesario, que se trate el asunto con un psicólogo.

9.2. La ansiedad

¿Por qué en algunas personas se despiertan reacciones tan bucólicas detrás de cada conflicto? Porque en cada discusión las personas viven la sombra del abandono, lo que puede resultar un gran tormento.

En el caso de las parejas, donde la relación es opcional, una discusión simboliza la posibilidad del fin. Esto es un gatillo muy fuerte que eleva todo tipo de tensión ansiógena en la persona, que responde al estrés buscando desesperadamente quitar del mapa toda posibilidad de separación.

La ansiedad desregulada lleva a las personas a buscar un resultado favorable, pocas veces evaluando lo que está ocurriendo, e incluso presionando a las personas y contextos para que resulten como esperaban. Pero la ansiedad también hace que las personas tiendan a repetir conductas y tomar siempre las mismas posiciones frente al conflicto, y esto también constituye un factor de riesgo.

Una persona que se mantiene fría en los conflictos y que reconoce la ansiedad del otro, tranquilamente puede utilizarla a su favor, ya que, al saber cómo reaccionaría el otro, y en especial conociendo el miedo al abandono que lo motiva, lo podría manipular fácilmente. Es muy sencillo que la manipulación caiga cerca de la dependencia.

Así también es como la ansiedad forma el núcleo de la dependencia emocional, que podríamos entenderlo como un estado completamente desregulado que combina miedo, fragilidad e ingenuidad.

¿Por qué una persona que sufre en una relación de dependencia vuelve a lo mismo una y otra vez, sabiendo que le hace daño? Hay cuatro motivos principales por lo que esto puede ocurrir.

1. **La dependencia ocurre porque se viven emociones muy intensas como urgencias.** No es un terreno del razonamiento, donde las personas evalúan y toman la decisión más saludable. Incluso si la persona consigue reflexionar cuando se encuentra frente a sus amigos, no puede hacer lo mismo cuando ocurre.

2. **Las relaciones de dependencia son muy adrenalínicas.** Las personas terminan por acostumbrarse a ese tipo de descargas, hasta desensibilizarse y considerarlas como una especie de normalidad, hasta sentir carencias al no vivirlas, como si esa intensidad fuera una muestra de interés. Pueden padecer incluso una especie de abstinencia cuando ocurre la separación, como la que pueden vivir las personas que se están desintoxicando de alguna sustancia.

3. **No siempre fue un suplicio la relación.** De hecho, las personas con dependencia atesoran los momentos calmos donde prevaleció un amor que los hizo sentir seguros, y por ello viven pensando que esa realidad es posible «si la próxima vez le ponen un poco más de voluntad». Por ello son permeables a todas las promesas de cambio y pierden la dimensión de los problemas a los que se enfrentan.

4. **El miedo al abandono y a la pérdida** puede obturar el pensamiento reflexivo y la dimensión de los daños recibidos y ocasionados. El miedo a lo que podría pasar se puede dimensionar como mucho peor que el problema que se tiene.

Pensemos ahora en esto último. Imagina que estás dando un paseo y que te está resultando una experiencia muy muy agradable, todo lo que ves te gusta. De repente caes es un pozo profundo de agua helada y sucia, es una situación desesperante, y luchas con todas tus fuerzas por salir.

Cuando te vas acercando a la superficie, ves la luz, eso te anima. Casi lo consigues. Finalmente, al salir de allí, el paisaje en el que estabas ya no está. La ansiada escena que deseabas encontrar ya no está, sino que el paisaje que conocías ahora es lúgubre. Te cuesta creerlo. ¿Cómo es posible? Hace solo unos momentos, antes de la repentina caída, ese paisaje era otro, así que «esto debe ser un error», una excepcionalidad.

Para colmo de males, el paisaje se va poniendo cada vez peor y el aire se ha vuelto tóxico. Por el temor que sientes decides volver a meterte en la misma agua fría de la que intentabas huir, aunque te hayas «acostumbrado» un poco a su frío y suciedad. Vuelves a hundirte con la ilusión de que la próxima vez que salgas a la superficie volverá el bello paisaje inicial que conocías, porque, si desapareció repentinamente, podría reaparecer también.

Así que ahora te encuentras en un bucle, intentando tolerar el agua turbia que te atrapa mientras escapas a una superficie que también es tóxica. El proceso de entrar y salir del agua te mantiene ocupado, luchando por sobrevivir, te asfixia y no te deja pensar demasiado. Esto también significa que no ves el refugio, que está cerca.

Repasando. La primera etapa de una pareja puede resultar muy dulce como experiencia (paisaje lindo del bosque). Luego las parejas pueden convertirse en maltratantes (agua fría). Mientras intentas asimilar el maltrato nuevo existente, cuando miras la relación ves que todo ha cambiado a un estado muy confuso y alterado (paisaje lúgubre del bosque). No te gusta lo que ves, así que das todo lo que tienes y más para volver al estado anterior (vuelves al agua fría). Pero cada vez que termina una discusión llega la etapa de promesas, anhelos y nostalgias (llegando a la superficie) y esperas que la próxima ves mejore. Sin embargo, todo resulta igual (paisaje lúgubre otra vez). Este bucle de dependencia no te permite ver a veces las redes de sostén, la confianza en ti mismo, la posibilidad de que no todas las parejas sean así (refugio), así que lo único que decides es volver a luchar por lo que conoces.

En la dependencia, las personas se debaten constantemente entre el miedo a perder lo que se tiene (aunque sea una relación maltratante y patológica) y el temor a no saber qué hay después de esa experiencia, temiendo a la soledad como una posibilidad.

9.3. La negación

Hemos hablado de cómo la combinación entre la ansiedad y la evitación puede construir dependencia, sobre cómo la ansiedad en sí misma puede crear bucles complejos que sostienen la dependencia; pero ahora nos toca también hablar de la negación, que suele ser uno de los mecanismos psicológicos defensivos más frecuentes en este tipo de problemas.

Podemos pensar que la negación es como un recurso que utilizan las personas cuando ven, sienten, intuyen, deducen, perciben o descubren información que les resulta angustiante o intolerable. Consiste en tomar esa información y descategorizarla de alguna manera. El principio siempre es el mismo: negarse a aceptar aspectos de la realidad, que es dolorosa.

En el caso de la dependencia emocional, la necesidad de huir del dolor del rechazo, de la frustración por tener otra experiencia de pareja fracasada, de no sentirse valorado o no poder terminar de creer las secuencias de maltrato del otro hace que las personas recurran a esta defensa. Podemos escucharlos decir cosas como:

- *No es para tanto, debo estar exagerando.*
- *No siempre es así.*
- *Lo que los demás ven no es cierto.*
- *Seguro que me confundí yo.*
- *En el fondo sé que me quiere, solo es su carácter.*
- *Lo importante es que estamos juntos.*
- *Estoy pensando mal, yo soy muy sensible.*
- *Debe ser por el estrés por lo que me lastimó así.*
- *Yo puedo ayudar a que cambie.*
- *Esto pasa en todas las parejas.*

Si observamos con detalle estas frases, muchas (por no decir todas) tienen un tinte de sensatez y prudencia, y en los contextos adecuados son muy valiosas. El problema es cuando este tipo de frases las personas las dicen frente a problemas y maltratos recurrentes, que son cada vez más intensos en las parejas y en las familias.

Ya sea por historia o por costumbre, es frecuente que a las familias y parejas les tome tiempo aceptar algunas cosas, o darle pronto una dimensión profunda a los hechos dolorosos que golpean la realidad.

Desde afuera, para los familiares y amigos, puede ser casi desesperante ver y escuchar a una persona negar aspectos evidentes de la realidad. Hasta les llena de ira y pueden actuar de manera impulsiva para hacer que esa persona reaccione y «se dé cuenta» de lo que está ocurriendo.

> **¿Te interesa saber cómo ayudar a un ser querido que tiene estos problemas? Entonces el capítulo 12 te resultará especialmente interesante.**

Nos toca recordar que la defensa psicológica de la negación es tan efectiva que hasta las mentes más brillantes pueden llegar a aplicarla. No se trata de que las personas tengan un clarísimo panorama de la realidad y luego «elijan» tan libremente el camino del dolor; es más bien como una trampa emocional que los altera bajo el efecto de la ansiedad y los lleva, por miedo, a esperar siempre lo mejor, sin evaluar y dimensionar adecuadamente los daños pasados, presentes y futuros.

Por otro lado, tengamos presente que la negación es progresiva; no es algo que suele ocurrir de 0 a 100 en un minuto, sino que las personas van aplicando cada vez más capas de negación a los actos maltratantes que ocurren en las relaciones. Sumado a eso también está la falsa esperanza de que todo es mejor de lo que parece, y que esto les motivó a tolerar daños y, especialmente, humillaciones muy profundas. Daños físicos, torturas psicológicas, múltiples engaños, estafas económicas, ataques a la integridad, desestabilización de la realidad, entre otras posibilidades.

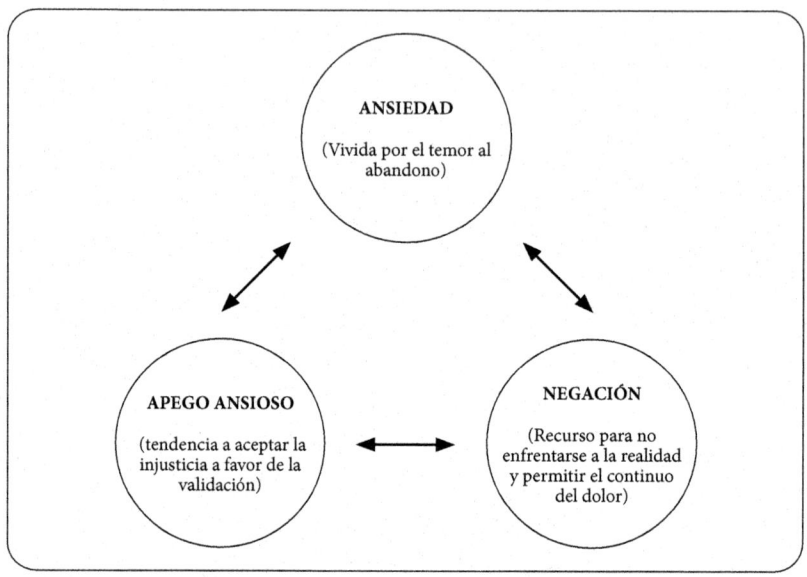

Un paciente de 21 años llegó a mi consulta luego de lastimarse a sí mismo varias veces. Los padres decían que estaban preocupados por él porque no tenía ganas de ir a la universidad y porque estaban bajando sus calificaciones, que siempre fueron muy altas. Esa era la preocupación de los padres: su desempeño académico.

Llevaba dos años realizándose cortes no muy profundos, lo que coincidía con el tiempo que llevaba con su pareja. Se conocieron en un momento muy crítico de cada uno y se impactaron mutuamente, quedaron atónitos, ya que, en el medio de todo el caos que cada uno vivía en sus familias, encontraron ternura y complicidad en el otro.

Ese momento de la pareja lo atesoraron, pero duró muy poco. Al tiempo cada uno empezó a mostrar las turbias y complicadas armas que tenían a la hora de discutir. En una pelea (que duraba entre tres y cuatro horas ininterrumpidas) podían gritar, llorar, amenazar, besarse, prometer, gritar, llorar, amenazarse, besarse, prometer y volver a empezar.

Él decía: «Es como si nos transformáramos. No somos así realmente, eso no es siempre así, no es para tanto, con un poco de voluntad todo cambiaría». Los padres indicaban que a veces lo veían sufrir, pero creían que era por la universidad, ya que «las peleas con su parejita eran cosas de niños», que ya pasarían, que no eran para tanto y que se le olvidaría todo en cuanto conociera a alguien más. Esto nos muestra cómo la negación también tiene forma de subestimación.

¿Cómo era posible que los padres no vieran las señales de deterioro del hijo? Concretamente no es que no lo vieran, sino que, cuando detectaban algo preocupante o potencialmente peligroso, rápidamente pensaban que era otra cosa.

Signos del hijo	Lectura de los padres
El hijo no dormía por el estrés acumulado.	«Estudiar una carrera es así, es normal»
Su teléfono mostraba múltiples golpes y roturas.	«Es que es un poco torpe con sus cosas»
Mostraba irritación y aislamiento.	«Está concentrado para estudiar»
Quedaban rastros de sus heridas.	«Se habrá cortado al afeitarse»
Pasaba días encerrado en su habitación.	«Se está preparando para un examen final»

El problema con la negación es lo rápido que las personas llegan a conclusiones que prefieren no plantearse; aunque siempre tienen una pequeña duda sobre ellas, pero eligen no ver. Con el tiempo los padres de mi paciente confesaron tener una preocupación por él desde hacía tiempo, pero que no sabían qué hace.

Por otro lado, mi paciente insistió durante muchos meses en que no era para tanto, que era solo un mal momento, que nadie lo entendía y que nadie conocía realmente a su pareja como él. Pero también se mezclaban las sesiones en las que llegaba maldiciendo y sufriendo a corazón abierto por la pareja y las cosas que hacía. Celos, engaños y mentiras eran la moneda corriente.

Sus amigos lo escuchaban y lo acompañaban, pero después de la quinta ruptura con reconciliación ya no sabían qué hacer para ayudarlo. La negación del problema se volvió insoportable para ellos; además, la vergüenza por las idas y vueltas que tenían con la pareja hizo que comenzara a mentirles a los amigos y, con el tiempo, a dejar de verlos.

A veces la dependencia puede entenderse como codependencia, cuando ocurre entre dos personas que no tienen un espíritu destructivo sobre el otro, pero que mutuamente han entrado en un enganche maltratante que los lleva a repartirse mutuamente mucho dolor. Entran en un revanchismo en el que se dañan por ver quién se queda con la última palabra o el último golpe.

Pero nos toca estar especialmente atentos a cuando la dependencia ocurre de manera unilateral por una de las partes, mientras que la otra parte está más bien ejecutando un juego de manipulación en el que conoce perfectamente qué cosas decir y hacer para despertar la ansiedad y temores del otro, mientras que al mismo tiempo conoce qué argumentos dar para convencer, confundir y atrapar al otro.

Por último, hay un factor transversal que suele aparecer en estas historias de dependencia y que es muy trabajado en los procesos terapéuticos: los mitos sobre el amor. Sobre esto hablaremos en el siguiente capítulo.

10

MITOS SOBRE EL AMOR

Es probable que todas las personas que estén leyendo este libro hayan experimentado la frustración y los problemas que se encierran dentro de las relaciones de pareja, y que por tanto ya descubrieron que no todo es color de rosa en el amor.

Sin embargo, por mucho conocimiento que tengamos, las personas convivimos con el anhelo y la fantasía de que el amor sea mágico, fácil, claro y eterno. Es comprensible, ya que pensar que es como la búsqueda épica de un tesoro «escondido» es mucho más motivante que pensarlo como el fatigoso trabajo cotidiano de construir una casa. Sin embargo, el amor es algo más parecido a esto último.

Además de la ansiedad, el miedo al abandono y la negación, un factor muy presente en los problemas de dependencia son los mitos sobre el amor con los que nos criamos y que están impregnando nuestra sociedad desde hace años.

Pero no ocurre solamente en las sociedades occidentales, parece que alrededor del mundo hay una tendencia a ampararnos en factores incomprobables, y a veces fantaseados, sobre el amor.

En **Corea del Sur** se cree que el **factor sanguíneo** puede predecir la **compatibilidad** entre las personas. Al parecer es frecuente en las primeras preguntas que se hacen las que se están conociendo es esa, :«¿Qué factor sanguíneo tienes?», Para saber si tiene sentido o no la inversión de tiempo.

En **Japón** se presta especial atención a la entrega de regalos en la pareja, principalmente porque se cree que la reciprocidad y la grandiosidad de estos regalos es lo que confirma el amor existente. De existir un fallo o frustración, se considera como una total muestra de falta de amor.

Hay otros mitos, casi cotidianos, con los que convivimos también, que pasan desapercibidos, y que pertenecen a la lógica del amor romántico.

- Si no hay celos no hay interés.
- El amor es la búsqueda de una media naranja.
- Si le importo sabría lo que necesito.
- Un amor real todo lo puede.
- Todo lo que se necesita en una pareja es amor.

Entonces, llamaremos mitos a aquellas afirmaciones que sostenemos, sin que haya ninguna comprobación, y que utilizamos para justificar muchas conductas, que pueden ser maltratantes. Por estos mitos muchas veces se construyen ideas, imaginarios y problemas.

Hay mitos a los cuales recomiendo prestar especial atención (y que se suman a los descritos en el capítulo 7), porque resultan ser los más frecuentes en las personas que acuden a consulta por problemas de dependencia emocional con la actual o alguna anterior pareja.

10.1. La pareja es para no estar solo

Querido lector, confiese: ¿alguna vez ha elegido estar en pareja para no estar solo? Incluso pareciera que tuviera lógica: «Quiero estar con alguien porque no quiero estar solo». Pero debemos saber que eso es un problema, por más lógica que tenga, porque lo que ocurre también es que, al elegir estar con alguien por estos motivos, podríamos escoger sin que nos importase demasiado quién es esa persona, y especialmente porque lo que estamos buscando es escapar de la soledad y no conocer a alguien en particular.

Ya hemos desarrollado lo que somos capaces de hacer y soportar las personas por el miedo a la soledad. La dependencia se vuelve mucho más presente cuando el otro es un objeto preventivo contra la soledad, perdemos de vista la persona y nos aferramos a nuestro miedo.

10.2. La pareja es para tener estabilidad

Tal como leen: existen personas que quieren tener pareja porque buscan conseguir la estabilidad. Frecuentemente son personas que han tenido una etapa muy larga, o muy intensa (o ambas) de soltería, en la que han pasado por múltiples experiencias relacionales, todas esporádicas o rápidamente frustradas. Por ello, frente a tanta movilidad, repetición y volver a empezar, se proponen tener pareja para estar estables. Es el antiguo «sentar cabeza».

Como terapeuta de familia y pareja me toca advertir que esto es un grave error, pue si hay algo que la pareja no podrá ofrecer es estabilidad. Sí, es posible que en la pareja se vivan algunos pasajes de tranquilidad, pero en el espíritu relacional de cualquier pareja siempre existe muchísimo movimiento, cuestiones por definir, límites que comprender y otros cientos de actividades que no son en absoluto signos de estabilidad.

De hecho, las parejas son procesos educativos donde las personas cambian. Aunque suene terrible y estemos acostumbrados a que «nos tienen que querer tal cual somos», las parejas son espacios donde uno cambia, aprende, se resigna y toma nuevos caminos que antes no hacía. Incluso es saludable que existan cambios en la personalidad a través de la pareja, claro está que no cualquier cambio y no de manera impuesta, pero esto es una muestra de cómo la pareja no emana estabilidad, sino más bien versatilidad.

Creer que la pareja es sinónimo de estabilidad es como decir que los hijos son para llegar mejor a pagar las cuentas a fin de mes: no tiene sentido.

10.3. El amor debe ser equitativo

En la pareja todo debe ser al cincuenta por ciento, ¿no? «Si yo hago tú haces; si yo doy tú también». Siguiendo con esa metáfora, ¿qué ocurre si uno de los componentes de la pareja no tiene un cincuenta por ciento para poner, digamos que hay 80 y 20, ya sea en términos económicos, de tiempo o de energía? ¿Esto hace que ya no sea amor?

Es comprensible, e incluso justo, que le pidamos a la pareja que dé lo mismo que nosotros, pero nos toca enfrentarnos la realidad de que esto no es posible, o al menos no todo el tiempo. De lo contrario, podemos creer que nuestros intereses, motivaciones, búsqueda y hasta modos de resolver problemas son los mismos que debe tener nuestra pareja; si no, no nos ama.

Pero hay un segundo problema con este mito, que la idea del cincuenta por ciento puede llevar a la pareja a una lógica de revanchismo, por no decir venganza en los peores escenarios. Las parejas que creen firmemente en lo del cincuenta por ciento pasan a hacer observaciones y cálculos sobre lo que el otro hace o deja de hacer, y todo ello se convierte en un argumento para mostrar las propias capacidades y señalar las deficiencia e insuficiencias de la pareja.

Seguramente hay cosas que pueden ser al cincuenta por ciento, pero otras muchas que no. Nos toca pensar, con la pareja, a cuáles estamos dispuestos, en qué sentimos que se toca nuestro orgullo y qué cosas son innegociables. Muchas veces es ese orgullo, revanchismo o intención de venganza lo que nos hace sostener una pareja maltratante y dependiente, porque nos cuesta dejar ir el conflicto, porque nos duele que el otro se quede con la última palabra, que crea que tiene razón, que no entienda lo que está pasando o cualquier otro argumento que nos sujeta allí.

10.4. El amor es incondicional

Esta frase está cargada de emotividad y tiene muchísima buena prensa. Suena clara, contundente y hasta deseable. Pero, si nos detenemos a pensar un momento en ella, quizá encontremos algo más.

En general, cuando pregunto a las parejas si el amor entre ellos es incondicional, suelen responder de manera clara y rápida que no; sin embargo, si hago la pregunta: «¿El amor a los hijos es incondicional?», las mismas personas suelen responder: «¡Sí!».

Creo que no dimensionamos a veces lo que estamos dispuestos a hacer por amor, y en esa cruzada sentirnos incluso valerosos. El amor incondicional es un problema, porque amar sin condiciones hace que se pierda todo tipo de límites y de consecuencias.

De hecho, los terapeutas de familia sabemos que, cuando los hijos descubren que se tiene un amor incondicional sobre ellos, suelen utilizarlo sin dudar para poder alcanzar sus objetivos personales y satisfacer todos sus deseos inmediatos, ya que, hagan lo que hagan, serán amados y perdonados.

Establecer un amor incondicional (incluso a los hijos) es entregarles un poder y una autorización para que el otro pueda hacer lo que le venga en gana. Aunque una persona verbalmente diga que hay límites, si con sus conductas y decisiones muestra que en realidad no los hay, se tendrá en cuenta lo que hace y no lo que dice.

Sostener un amor incondicional es preparar el terreno para que pueda pasar lo peor, pero esperando que ocurra lo mejor, una apuesta desafortunada. Si el otro (ya sea cónyuge, amigos o hijos) detecta este amor incondicional, se incrementan las posibilidades de usar la manipulación también.

Como vimos, estos mitos son una especie de precuela a las lógicas de la manipulación y la dependencia. A veces creemos que hacemos las cosas por amor, y posiblemente las estemos haciendo en nombre del miedo a la soledad. Postulamos la entrega total del amor como una muestra de transparencia, y bien podría ser una jugada de intercambio (casi chantaje) para que el otro entregue lo mismo, sin preguntar por sus posibilidades; o bien podríamos creer que todos estos problemas «con un poco de voluntad» se resolverían, lo que nos llevaría a creer que tenemos poder y control sobre los problemas históricos que tenemos.

Los mitos nos ayudan a pensar en qué medida el problema que tengo con mi actual pareja no es más bien una especie de repetición de otros que tuve con otras parejas, o incluso que ha existido en múltiples generaciones de las familias. Claro que dejar de lado los mitos no es sencillo, e incluso podría ser desagradable, ya que rompe la magia y la espontaneidad del amor; pero, a fines de salud, es mucho más recomendable que eso ocurra.

11

TRAMPAS AUTOIMPUESTAS EN LAS RELACIONES DEPENDIENTES

No podemos creer que todos los problemas de la dependencia y la manipulación son pura y exclusivamente responsabilidad del otro y su hijoputez; incluso me atrevo a decir que, en una relación, los daños pueden ser principalmente por responsabilidad de una de las partes, pero no siempre de manera exclusiva.

No es sencillo, pero como psicólogo muchas veces debo hablar con mis pacientes sobre qué grado de responsabilidad y participación (por acción u omisión) creen que han tenido en la historia de dependencia y manipulación. Quisiera que no me malentiendan: no se trata de culparlos y señalarlos, sino que parte del trabajo de la psicología es que cada uno de nosotros comprendamos cómo hemos participado en algunas historias y qué queremos hacer con lo que hemos vivido: ¿aprender o ignorar?

Nunca cuestiono la responsabilidad de un manipulador, pues ha obrado intencionalmente para tejer los hilos, pero sí me toca pensar con los pacientes en qué medida pueden aprender de sus decisiones para que no las repitan, qué cosas han hecho que les han perjudicado y qué lugar han ocupado en esa historia.

Cuando comienzan la terapia y sienten confianza, los pacientes suelen conectan con las decisiones, a veces ciegas, que tomaron durante la relación: las veces que se alejaron de los amigos porque no les gustaban las advertencias, las ocasiones en que no escucharon sus alarmas internas y de incomodidad, las veces en que eligieron un reencuentro porque no toleraban la soledad, los momentos en los que ignoraron y minimizaron las conductas violentas, o cuando por vergüenza eligieron callar y tolerar, entre otras posibilidades.

Además de estas situaciones de responsabilidad, que son muy particulares para cada caso y que deben evaluarse en terapia con un psicólogo, hay otras escenas muy comunes y frecuentes que suelen aparecer en las historias de dependencia, o bien son escenas que vaticinan que la posible relación ha comenzado a mostrar problemas de ese tipo. Veamos cuáles son las trampas que terminan haciendo que las personas repitan la secuencia de ida y vuelta de una relación. Si conoces amigos o familiares que van y vuelven con sus parejas repetida muchas veces, algo de todo esto les sonará.

11.1. Buscar explicaciones

Me tiene que escuchar Adrián. No puede terminar, así como así, tiene que haber un motivo, una explicación, me las tiene que dar... (Un paciente luego de que le fueron infiel tras cuatro rupturas)

El paso siguiente es volver a conectar con esa persona para buscar explicaciones, y así se reinicia una historia de idas y venidas que nunca termina. Por supuesto que es valioso y sensato tener claridades y explicaciones sobre una historia afectiva que nos importa, pero ¿esa persona puede ofrecernos explicaciones claras? ¿Realmente una explicación de esa persona alcanza para calmar el dolor que llevamos dentro? ¿Todo lo que ocurrió tiene un motivo y una explicación? Muchas veces los pacientes deben asumir que el vacío y la falta de explicaciones es un escenario mucho más favorable que la búsqueda de estas en una relación que ha perdido los límites.

11.2. Reclamar justicia

Esto no puede quedar así, Adrian. ¿Qué hago con todo lo que me hizo? ¿Se va a ir así tan campante, como si nada? (Un paciente que estaba acostumbrado a una relación indefinida durante tres años, hasta que ella comenzó una relación oficial)

Las parejas que construyen una historia de dependencia también se acostumbran a vivir en altos niveles de intensidad. Cada movimiento que realiza una parte recibe una contestación por parte de la otra, y confunden sus aspiraciones de revancha y venganza como actos de justicia necesarios. Si alguno se bajase repentinamente de la discusión/pelea/dependencia, la otra parte lo viviría como un abandono, aunque sea lo mejor para los dos. Sentiría que se está rompiendo una especie de pacto, ya que incluso el conflicto es una manera de estar juntos y dependientes.

De ahí la constante búsqueda de justicia. Muchas veces a la persona ya no le interesa el motivo, la discusión, solo que la otra persona esté allí. Por eso vemos que muchas parejas se hacen pasar reales infiernos entre ellos y al final del día continúan juntos.

11.3. Sobreestimar el cierre

Le contesté porque era necesario hacerlo Adrián..., es que... nos debíamos un café. (Una paciente que fue novia, luego fue amante, luego novia y amante otra vez de la misma persona.)

Concuerdo con los pacientes con que se necesita un cierre para una historia y que eso es tranquilizador. Es el famoso «cerrar vínculos». Pero, ¿adivinen qué? A veces, para cerrar el vínculo, es necesario dejar de hablar o buscar tomar un «café» con el vínculo.

Muchas veces los pacientes recaen en visitas a los ex porque buscan conseguir un cierre, pero temo que sobreestiman las capacidades de la relación para conseguirlo. Anhelan tener un cierre emotivo, amable, considerado, valorativo y tranquilizador, pero jamás han tenido una relación con esas características. Si la pareja nunca tuvo una historia así, ¿por qué mágicamente tendrían un cierre así?

A veces los cierres se hacen en solitario, e incluso con la otra persona pidiendo que no se realice. Idealmente, los cierres son en conjunto con el otro, pero, si el otro no está o no parece dispuesto a ello, por la salud mental de quien lo quiere, debe realizarse igual.

11.4. Sobredimensionar el dolor vivido

¿Pero quién me va a querer así, *Adrián? Después de todo lo que pasamos, solo ella puede entenderme...* (Paciente que terminó una tormentosa relación hace tres años, pero la sigue anhelando, sin poder avanzar hacia otra)

La intensidad con la que se vivió una historia puede incluso superar el hecho de si duró mucho o poco, pero lleva a las personas a creer que no hay otra experiencia posible, que se ha sufrido tanto que no queda nada más, que el daño que se lleva es tan irreparable que los hace indeseables, o que el dolor compartido con esa persona es tan íntimo que nadie lo entendería.

Incluso son conductas clásicas de cuadros depresivos, pero frecuentes en muchas personas. Los pacientes se pueden convencer de que, por la dimensión de la historia del pasado, no existe nada en el presente o no existirá nada en el futuro que iguale esa experiencia.

Hay una realidad muy dura y también muy esperanzadora: la próxima relación puede ser incluso peor, como también puede ser una relación diferente y saludable; pero primero deben creer en que otra historia es posible y luego definir qué cosas no deben volver a hacer, para que no se repita el mismo drama ya vivido.

11.5. Huir de la soledad

No sé, Adrián, estaba aburrida... Además, hacía frío y llovía. Y justo me escribió. Pareciera que se da cuenta cuando me siento así y me escribe. (Paciente que llevaba meses intentando avanzar en una relación, pero solo tenían encuentros esporádicos)

Como decíamos en capítulos anteriores, la soledad para estas personas es un tormento realmente complejo que los lleva a tomar decisiones que les harán sufrir a largo plazo. Cuando se trabaja con los pacientes en esos momentos, lo hacemos identificando la ansiedad que se despierta cuando nos sentimos solos, y ante la desesperación, nos aferramos a los salvavidas que vemos en esos momentos, aunque no sean saludables en absoluto.

A veces a los pacientes pasan por varias «recaídas» hasta identificar que esa secuencia se basa en la ansiedad y en la esperanza de que en el próximo intento todo cambie.

11.6. Sexo mágico

Es que no te imaginas la química sexual que teníamos, Adrián. Éramos todo piel... Sin decir nada entendíamos todo...

A todos los terapeutas sistémicos, de manera individual o de pareja, nos ha tocado escuchar a las personas glorificar la química sexual que tienen y justificar a partir de allí todo tipo de maltratos y repeticiones. No es casual que muchas parejas se brinden con igual intensidad al acto sexual como a las disputas y a las peleas, entregando todo lo que tienen y con pocos límites.

¿Vale la pena hipotecar la salud mental por unas horas de buen sexo? Muchos responderán que sí. Incluso alguna vez alguien me ha dicho: «Claro que sí. Si total, luego voy al psicólogo...», como si el servicio de psicología fuese algo así como un taller mecánico.

La alta intensidad en la sexualidad lleva a muchas personas a creer que eso es una experiencia irrepetible, y que parecían tocar el cielo con las manos por cómo se sentían y por lo mucho que conseguían comunicándose muy poco. En las parejas con dependencia el sexo se sobrevalora, porque es el único espacio de comunión que suelen encontrar y porque muchas veces acceden a todo tipo de prácticas por el temor a decir NO a algo, y que eso sea motivo para que la única armonía conseguida se pierda y el otro se aleje. El sexo, en lugar de ser un lugar de encuentro y comunicación, pasa a ser un espacio de convencimiento y tracción.

11.7. Amig@, date cuenta

Los pacientes no son tan ingenuos como los familiares y amigos creen. Muchas veces cuentan en los procesos terapéuticos cómo en reiteradas ocasiones sus allegados les fueron advirtiendo, incluso rogando, que parasen con esa relación y que se alejasen de esa persona, pero en su obstinación y credulidad prefirieron el camino de la repetición. Esto no es simplemente porque son «ciegos», sino por otros factores que ya hemos repasado.

Les dejo una confesión de terapeuta que seguramente todos ya saben: tu amig@... ¡YA SE DIO CUENTA! Ya sabe lo que quieres que sepa, ya advirtió lo que le quieres advertir, solo que... no le importa. O, al menos, en ese momento está más atrapado por otro tipo de convicciones, pasiones y problemas, antes que la previsión y la distancia.

Es realmente un momento difícil para los pacientes cuando se dan cuenta de que han perdido su red de contención, cuando ya no los quieren escuchar y cuando han utilizado muchas veces a los demás para poder seguir repitiendo esa historia de maltrato. Pero muchas veces la distancia es lo más sensato.

Si tienes a alguien que «no se da cuenta» cerca, te toca tomar una decisión entre dos posibilidades: a) te mantienes acompañando a la persona, sin ser cómplice de nada, pero escuchándola cuando sufra, hasta que pueda salir por sus propios medios; b) tomas una distancia, aclarando que no es un castigo, porque sientes que no puedes continuar escuchándola y viéndola sufrir de esa manera, y que recobrarás la relación cuando la persona pueda hacerlo.

Pero realmente juzgar y presionar para que la persona rompa el vínculo funciona. Es doloroso que así sea, pero es real. Debemos comprender que se necesita mucho trabajo para romper esa situación.

11.8. Vamos despacio... / ¡Que fluya! / ¿Etiquetas para qué?

Este tipo de planteamientos suenan liberadores y hasta divertidos. Tiene sentido que cuando estamos conociendo a alguien no nos apresuremos en definir todo, porque puede ser agobiante, pero ¿hasta qué punto se puede vivir fluyendo?

Se necesita mucha madurez emocional y muchos límites claros para que una persona pueda vivir tranquila con la idea de «fluir, no etiquetar». Se necesita muchísima suerte para que esa persona se encuentre con otra persona igual de madura emocionalmente. Lastimosamente esto pocas veces pasa.

He visto a muchos pacientes impostar la idea de que pueden vivir fluyendo y sin etiquetas, pero van construyendo una carga de angustia y desesperación que no los deja nada tranquilos.

Al principio de las relaciones, cuando se está conociendo a una persona, tiene sentido adoptar esta postura abierta, pero a los meses de conocerse, y en especial si se ha establecido una especie de rutina, se necesita comenzar a tener claridades y definiciones. Es por eso por lo que aquí presento las redefiniciones de algunos conceptos que trabajo con mis pacientes:

Vamos despacio...	Esto significa que la relación debe mantenerse con poca exposición, pero no en secreto, y que ninguno de los dos debe aparecer en los círculos más íntimos del otro hasta que se sientan cómodos y de acuerdo con la implicación de cada uno en la relación.
¡Que fluya!	Hace referencia a que al principio exista mucha apertura para entender, e incluso practicar, las aficiones, curiosidad y gustos del otro, aportando poco peso en caso de desencuentros y frustraciones, pero nunca olvidándolas y siempre tomándolas como información. Que las cosas fluyan no significa que no tengan un costo.
¿Etiquetas para qué?	¡Para la salud mental! Es muy desestabilizante vivir en las indefiniciones. No es posible crear historias legítimas y sentimientos honestos si todo es una inestabilidad. La etiqueta no es solamente el título de la relación, sino también la aclaración de los límites, qué cosas son inadmisibles, qué tipo de relación se proponen y cómo de cómodos se sienten con lo propuesto por el otro.

Las historias de dependencia traen, dentro o fuera de la terapia, muchos momentos de ensayo y error, lo que puede ser muy frustrante para las personas y para sus familiares y amigos. Como terapeuta, me toca sostener la cuota de optimismo recordándole al lector que, mientras exista la intención, aunque a veces duela, siempre es posible conseguir un cambio.

11.9. Idas y vueltas interminables

Todos conocen a alguien o quizá usted mismo estuvo en una relación en la que se produjo un constante ciclo de idas y venidas. Esas parejas pueden terminar la relación el viernes por la noche, reiniciarla el domingo por la tarde, acostumbrarse a eso y nunca terminar de dimensionar el daño que se están ocasionando.

Hay que tener cuidado, porque este ciclo interminable responde al mismo patrón que repiten las parejas gravemente perturbadas y que habitan en el círculo de la violencia.

- Ocurre una crisis.

- Se realizan promesas de cambio.

- Se convencen de que con algunos esfuerzos no volverá a pasar.

- Comienza una etapa de luna de miel.

- Ocurre una crisis y volvemos a empezar.

El problema aquí es la terrible negación que las personas tienen sobre el problema y la voluntariosa ingenuidad con que evalúan sus posibilidades. La trampa aquí está, principalmente, en el momento de las promesas de cambio. Como terapeuta, esa es la etapa en la que más suelo apuntar las posibilidades de cambio.

En esos momentos la persona debe recordar que la memoria es frágil, el miedo es profundo y las ganas de que todo mejore mágicamente son muchas. Además, la otra persona va a emplear todos los argumentos que encuentre para evitar la separación; pero no solo con promesas de cambio, sino que también puede tocar puntos débiles que conoce. A veces por hijoputez (manipulación), a veces porque es preso de sus propios temores (dependencia), sea cual sea el motivo, no es nuestra tarea comprender qué le ocurre y ayudarlo, sino preservarnos.

12

CAMINOS DE CAMBIOS POSIBLES

Los problemas generales que intentamos aclarar están planteados. En palabras de algunos pacientes podríamos decir que suenan como:

- *No puedo olvidarme de esa persona.*
- *Me pongo muy ansioso si esa persona no me responde.*
- *No puedo soltar esa relación.*
- *Siento que mi vida depende de esa persona.*
- *Me manipuló y no sé qué hacer.*
- *En mi familia siempre toma las decisiones la misma persona.*
- *No conseguimos olvidarnos.*
- *Vamos y venimos en la misma historia una y otra vez.*
- *Pasa el tiempo y siempre pasa lo mismo, estamos y no estamos.*
- *No estoy seguro de lo que pasó, pero creo que me manipuló.*
- *Estoy atrapado en una historia de engaños y mentiras.*
- *Miento compulsivamente con tal de que no se vaya.*
- *Tengo miedo de tomar decisiones por mi familia.*

Si alguien se sintió identificado con el contenido del libro hasta aquí, existe la posibilidad de que haya vivido cierto pesimismo por su situación. Deben saber los lectores que es muy frecuente que los pacientes pregunten a los terapeutas: «¿Crees que es posible cambiar?», «¿Hay oportunidad para mí?», «¿Estas historias tienen solución?».

Aunque suena raro, y hasta contradictorio, es normal (y según el caso, necesario) que las personas vivan y perciban un empeoramiento en su salud mental antes de comenzar el cambio. ¿Por qué? Porque las personas podemos vivir en un problema y acostumbrarnos al dolor hasta perder de vista su dimensión, y cuando por algún motivo conseguimos recobrar la percepción del problema, nos entristecemos, nos frustramos y nos angustiamos, ya no solo por el problema que tenemos, sino por lo que hemos hecho con él durante todo el tiempo transcurrido.

Repito: es normal empeorar antes de mejorar. Incluso a veces los psicólogos debemos ayudar a las personas a enfrentarse a la dolorosa situación, no porque nos guste verlos sufrir o porque queramos tratamientos eternos, sino porque necesitamos que las personas acepten su problema antes de trabajar en ello.

Romina tenía 28 años y vivía sola. Era madre soltera. Estudiaba diseño gráfico y era dueña de dos emprendimientos: en el primero gestionaba un *show room* donde organizaba a emprendedores; con el segundo trabajaba como *freelancer* realizando todo tipo de diseños. Ella se reconocía muy reactiva, impulsiva y por tanto ansiosa, pero el dilema más grande al que se enfrentaba era su optimismo.

Por más buena prensa que tenga, y aunque parezca siempre una actitud deseable, el optimismo puede ser un problema si uno vive en un contexto problemático, sufriente y psicopatológico, porque así evitan algunos aspectos de la realidad apremiante.

Romina mantenía una relación ambivalente con un excompañero de trabajo. Llevaban cuatro años con idas y venidas, y aunque ella siempre esperó formalizarlo, eso jamás ocurrió. El vínculo estaba minado de salidas secretas: se insultaban mutuamente, existían muchas aventuras con terceros, convivían con celos indefinidos y hacían borrones y cuenta nueva casi cada fin de semana, por no hablar de las constantes promesas de cambio en la vida cotidiana tras cualquier conflicto.

Ella sobrevivía y se recomponía de todas las frustraciones a fuerza de optimismo. Se repetía a sí misma que los problemas eran por un mal momento y que ya pasarían, que se debían al estrés del trabajo, o por la época del año, por el clima imperante y hasta por la posición de los astros. Los problemas de la NO RELACIÓN siempre tenían una explicación circunstancial y se sostenían porque ella pensaba que todo iba a estar mejor, que la próxima vez, que se pondrían de acuerdo, y que solo se necesitaba tiempo.

Incluso cada vez que obtenía un logro académico, laboral o personal, recibía una inyección de energía que la hacía creer que, por transmisión, conseguiría que todo mejorase en el mundo de su NO PAREJA.

Existían muchos síntomas que Romina rechazaba o no identificaba como tal: tenía recurrentes gastroenteritis, una pésima calidad de sueño, infecciones urinarias, bruxismo, picos de ansiedad, descargas de dopamina a través de la comida y cuando salía con sus amigas bebía de manera compulsiva. Según ella eran situaciones comunes por las que todo el mundo pasaba, que no era para tanto.

A una parte de ella le resonaba el hecho de que no estaba bien y que algo debía cambiar, pero había otra parte que le atemorizaba: reconfirmar el obvio problema que tenía y jugaba a evitar hablar de su situación. En la consulta esperaba que, de alguna manera, se pudieran encontrar soluciones rápidas y fáciles a los problemas, pero, sobre todo, que se le diesen soluciones, pero sin hablar demasiado de ellos.

Se necesitaron varias semanas de acompañamiento, empatía y confrontación para evitar que su optimismo apagase las alarmas que iban apareciendo en su cuerpo y en su psicología. Necesitó aceptar que en aquella relación no había mucho más que hacer y que toda inversión en ese sentido representaba un enorme costo para su salud. Al comenzar a identificar los problemas también comenzó a notar la angustia y ansiedad en su día a día, e incluso empezó a resignificar muchas escenas frecuentes como humillantes y hasta violentas. Manifestó durante algunas semanas un muy bajo ánimo y pesimismo. Debió descender hasta el dolor para luego comenzar a trabajar desde allí. Pero pudo hacerlo.

Entonces, retomando las preguntas iniciales:

- «¿Crees que es posible cambiar?». Sí, siempre es posible, pero no es fácil.

- «¿Hay oportunidad para mí?». Hay oportunidad para todas las personas que consideren que la psicoterapia no es una derrota, que la salud mental requiere trabajo y que los cambios existen, aunque no sean los que uno esperó.

- «¿Estas historias tienen solución?». Sí, pero también traen mucha frustración. La solución a veces es el cambio, es asumir que no ocurre lo que uno espera, o dar por finalizada la relación o aceptar algún tipo de derrota.

12.1. Preguntas de terapeuta

Para comenzar a trabajar con un problema, síntoma, patología o cualquier sufrimiento en psicología, primero debemos comprenderlo e intentar dimensionarlo; aunque no sea posible de una manera precisa y perfecta, pero al menos de un modo aproximado. De ahí que sugiero estas preguntas para ello. Ya sea que el problema sea una historia actual o que haya pasado, ya sea que se trate de una relación de codependencia o una historia de maltrato con un manipulador (pareja o familiar), propongo que te preguntes lo siguiente:

12.1.1. ¿QUÉ LE ENTREGASTE?

Evaluar el daño y la PÉRDIDA del capital personal es fundamental. Otra manera de preguntar lo mismo es: ¿cuáles fueron las grandes pérdidas que sufriste? Pueden ser varias cosas: tu tiempo, algún sueño, energía, ilusión, dinero, proyectos... ¿Todo eso y más? Ahora, continuando con las preguntas: ¿qué de toda esa posible lista es irrecuperable? Porque sobre esos irrecuperables hay que hacer un duelo y buscar alternativas. Por ejemplo, el tiempo invertido con esa persona que no podemos soltar es un tiempo irrecuperable. Nos tocará aceptarlo y comenzar a pensar en el tiempo que sí podemos ganar con otras decisiones.

¿La alegría, la ilusión y los proyectos eran algo que esa persona nos proveía? ¿Esa persona es la única fuente posible? ¿Podemos valernos a nosotros mismos como propio sostén? La situación de dependencia, por manipulación del otro o por convicción propia, va generando ilusión de que conseguimos logros que no podemos alcanzar sin esa persona. Ahí se encierra la trampa de la repetición.

12.1.2. ¿QUÉ TE DEBE?

Esta pregunta está totalmente asociada a la anterior. Otra manera de preguntar esto es: ¿qué esperas que el otro haga para que estés en paz? ¿Es posible? ¿Quiere hacerlo? ¿Siquiera sabe y comprende el daño que te ha hecho?

Otro de los motivos que más sostiene a las relaciones de dependencia es la vivencia de que el otro ha generado una deuda que tiene que pagar, que no se puede ir hasta que eso quede saldado.

Es común sentir que, como el otro me hirió, me humilló, me lastimó, debe hacer algo para reparar ese daño.

Parte del proceso terapéutico es enfrentarnos a la injusticia de que las personas que nos lastimaron no necesariamente serán las que nos ayuden a salir del problema, aunque nos gustaría que así fuera; de hecho, es posible que sea mejor no contar con ellas en algunas ocasiones. La deuda no se genera con el otro, sino con uno mismo. No hay un golpe o un dolor lo suficientemente fuerte como para que nos exima de trabajar por nosotros mismos. Debemos tener cuidado de no abrazar el ideal de que los que rompieron el plato lo paguen.

12.1.3. ¿QUIÉN ERES PARA LA OTRA PERSONA?

Aquí propongo un juego de roles, que puede ser un poco difícil para algunas personas, pero creo que vale la pena.

> Estimado lector, ponte un momento en el lugar de la otra persona, imagina que eres ese otro que tanto te atormenta (procura no morir de rabia en el proceso). Ahora intenta contestar: ¿qué diría esa persona si le preguntamos quién es eres tú para él/ella? No te bases en sus palabras o sus dichos para responder a esa pregunta, sino en todo lo que sentiste y viviste a su lado.

Este ejercicio no busca descubrir una realidad o descifrar el misterioso y confuso mundo que puede ofrecer la otra persona, sino más bien intentar comprender qué vivencia queda en nosotros cuando el otro nos trata. Es posible que en las relaciones de dependencia las personas se aferren más a los dolores el pasado o a las posibilidades del futuro, ignorando y minimizando las vivencias que tienen y la información que el otro da sobre el valor y lugar en que nos ubica.

12.1.4. ¿QUÉ QUIERE DE TU PERSONA?

Hagamos un necesario ejercicio de transparencia. No pienses en lo que te gustaría que pasase, o lo que esperas que haga, ni en lo que deseas oír de esa persona cuando nos preguntamos «¿Qué quiere de mí?». En algunos casos, si considero que no implica ningún riesgo hacerlo, aliento a los pacientes a que hagan esta pregunta directamente a esa persona que los manipula o de la que dependen emocionalmente. Pero atención: no es una pregunta que deba hacer en un contexto tenso o de pelea.

Con la mayor de las calmas posibles, en compañía o en soledad, es necesario que las personas definan esta pregunta: ¿qué quiere el otro de mí? Si el otro tiene la disposición de responder, genial, pero que responda no significa que debemos creer lo que diga. Ahora supongamos que el otro ha respondido: ¿nos hace sentir con sus actos lo que predica con sus palabras? Es fundamental hacer ese contraste.

Ahora bien, ¿existe la posibilidad de que el otro en algún punto esté siendo claro con lo que nos dice y pretende (con acciones o palabras) y nos estemos negando a escucharlo o aceptarlo? Recordemos que adoptar una posición de siempre víctima no es realista y también es perjudicial. A veces los pacientes rehúsan a creer lo que el otro les dice, o pecan de optimismo y prefieren pensar que el otro está confundido, que no sabe lo que dice. Una vez más, transitar por el camino de la transparencia y la «derrota» termina siendo lo más sensato para la salud mental.

12.2. Cosas que podemos hacer con el otro

Digamos que las preguntas del segmento anterior son de orden reflexivo y procuran llevar a las personas a la definición de emociones y situaciones, pero claro está que eso nos es suficiente.

Aquí dejo sugerencias de qué hacer frente a los problemas surgidos por la manipulación y la dependencia.

12.2.1. CALMA Y DISTANCIA

Uno de los momentos más complejos del cambio es cuando los pacientes se disponen a intentarlo y su contexto no colabora con ello. Ejemplos:

- Los amigos no paran de hablarle y contarle novedades de la vida del otro.

- Comparten responsabilidades cotidianas que son propensas a la transgresión de límites.

- Los familiares no terminan de aceptar alguna decisión y opinan continuamente.

En estos contextos es realmente complejo sostener el límite y aferrarse a una decisión personal que apenas pende de un hilo. Siempre es recomendable hablar con todas esas personas y hacer un pedido explícito y claro de «alto al fuego», y que, por más que crean que nos ayudan, nos están lastimando. Cuando más empático, transparente y emocional sea el pedido, hay más posibilidades de que se cumpla. Y si, pese a que el paciente lo hace, su contexto no renuncia a su postura, pues entonces no queda otra que mantener la calma y alejarnos lo más que podamos.

Esto no significa aislarse o renunciar a dichas relaciones con familias y amigos, sino más bien comenzar a detectar qué conversaciones son posibles, qué interacciones debemos evitar y en qué momentos debemos salir de esos escenarios. En una ocasión acompañé a un paciente a que escribiese un pedido hacia sus amigos que decía algo así: «Yo sé que me cuentan todo lo que ella hace para que yo sepa, para que esté atento, para que no me deje engañar, para que me dé cuenta y otras cosas más. Pero no me convierto en alguien más razonable cuando lo hacen, al contrario, revivo momentos difíciles, me lleno de ira y una parte mía busca enfrentarla y comprobarlo todo, y así no salgo nunca de ese lugar. Hagan de cuenta que es como contarle a un adicto sobre todos los puntos de venta y descuentos de su droga favorita. No lo ayudarían, y a mí tampoco».

Por último, nos toca recordar que convivir en el trabajo, en la universidad o en las responsabilidades de la parentalidad con un manipulador o con quien nos arrastra emocionalmente no implica que exista y se instaure una intimidad. Puede que eso sea lo que el otro quiere, pero será entonces responsabilidad del paciente recordar que un espacio o actividad compartida no es un signo de intimidad, y deberá mantener a raya todas las supuestas simpatías que tienen por fin, con algún objetivo mucho más dañino, como sexo utilitario o que el manipulador se sirva de favores a su expensa.

12.2.2. SILENCIO Y BINARISMO

Esto es un ejercicio de control de la ansiedad y los impulsos. No es fácil, pero es un buen comienzo el regular las emociones a partir de las comunicaciones que establecemos. Muy probablemente las personas no pueden regular lo que sienten cuando ven a esa persona o reciban noticias suyas, como tampoco pueden evitar controlar las ideas intrusivas que a veces los atormentan, pero sí pueden elegir qué conductas y, puntualmente, qué comunicaciones tener. Un modo posible de organizar estos aspectos es dividir las comunicaciones así:

Silencio	Evaluar qué comunicaciones no merecen ser respondidas. Que el otro nos pida algo o nos pregunte por algún asunto no implica que debamos contestarle. Su necesidad o intención no necesariamente es nuestra responsabilidad.
Binarismo	Ahora imaginemos que, por un motivo no personal, por fuerza mayor o por responsabilidades compartidas, hay temas que no podemos dejar de contestar. Entonces que se contesten por sí o por no todo lo posible, pues conviene limitar la comunicación a lo estrictamente necesario para ese momento.
Frases cortas	Por último, supongamos que se necesita dejar instrucciones, anunciar información práctica u otro tipo de desarrollo. De ser así, entonces que sea a través de mensajes cortos, indicaciones o preguntas específicas, pero sin aclaraciones, y mucho menos explicaciones personales.

Este modo de organizar la información funciona algo así como un regulador o un termómetro que debemos incorporar para tomar la mejor decisión posible. Requiere tiempo y esfuerzo para predisponerse a un juego de ensayo y error. Pero me toca advertir que esto no es una solución, sino apenas un ejercicio de muchos que se deben hacer, mientras se trabaja sobre la propia historia que nos ha llevado a ese lugar de maltrato.

12.2.3. CONTACTO CERO

Esto puede considerarse una medida drástica, que no suelo tomar como una primera opción de trabajo, pero que, si se dan las condiciones, aplico si lo considero prudente. El contacto cero es algo así como un «campo de fuerza» que activamos para mantener a esa persona a toda la distancia que nos es posible.

¿Por qué esto es una medida drástica? Porque implica que la persona debe forzarse a sí misma a entrar en una especie de proceso de desintoxicación y síndrome de abstinencia de todo aquello que consume y combate con el otro que manipuló o del que se depende emocionalmente.

En los tiempos actuales es realmente complejo realizar un contacto cero. Imaginemos que en 1990 hacer un contacto cero implicaba muchos menos pasos, porque había menos caminos de comunicación con las personas; pero ahora el otro puede presentarse en miles de formas posibles, por lo tanto, necesita estar más atenta y hacer más cosas.

El contacto cero es una decisión unipersonal, no requiere avisarle al otro de lo que está por pasar. Significa decir NO y poner un límite en reiteradas ocasiones, solo que esta vez los límites se colocan de un modo práctico. Es como si, en lugar de decirle a alguien «No pases», directamente vamos, cerramos la puerta, echamos llaves y subimos el volumen a la música para no escuchar reclamos y exigencias. Si se asoma por la ventana bajamos la persiana y si intenta colarse por la chimenea entonces la tapamos. Es cerrar todos los caminos de comunicación posibles y necesarios.

Vale aclarar que esto no es algo que se pueda hacer siempre y en todas las relaciones, hay muchas que nos exigen mantener cierto grado de comunicación.

¿Qué implica un contacto cero hoy? Hay algunos aspectos básicos, como dejar de tener contacto presencial con esa persona, no frecuentarlo más, incluso a costa de abandonar ciertas actividades que pueden ser de interés personal. A veces significa cambiar de club deportivo, ir a otra clase de cocina o estudiar en otra casa de estudio. También implica pedir a los amigos que no nos hablen de esa persona y que no contesten si esa persona pregunta por nosotros.

Luego está todo el trabajo digital, tal como bloquear números de aplicaciones de mensajería, pero de todas ellas, no solo de las principales, y de diferentes redes sociales. Significa en algunos casos configurar los perfiles de públicos a privados y restringir perfiles de conocidos en común que puedan alimentar la tentación de ver a la otra persona.

Esto último es importante, porque el contacto cero no solo significa restringir para que el otro no vea, sino que la persona también debe evitar esa búsqueda y no jugar a no ser mirado, pero mientras tanto mirar y alimentarse.

Existen frases frecuentes que reciben los pacientes cuando comienzan a tomar distancia de la otra persona. Son todos intentos por evitar esa distancia:

- *He tenido un problema familiar muy grande y necesito tu ayuda.*
- *Vine a verte porque te dejaste esta prenda olvidada en mi casa.*
- *Eres la única persona en la que confío, tú conoces mi historia.*
- *Hablemos para aclarar algo que quedó pendiente.*
- *Vi algo que te trajo a mi mente y quise escribirte.*
- *Voy a hacer una locura si no me contestas.*
- *Creo que podemos arreglar las cosas.*
- *Quiero hablar para cerrar el ciclo.*
- *Deberíamos hablar, me lo debes.*
- *Solo quiero saber si estás bien.*
- *Intentemos ser amigos.*
- *Soñé contigo.*

Incluso algunas de estas frases suenan como razonables, pero si fueran posibles hubieran sido posible antes y ya no en el momento en que se comienza a tomar distancia. Por propia seguridad, no queda más que pensar que son intentos de sostener la nociva dinámica que existía anteriormente.

Pero la resistencia de los manipuladores de quienes gozan de nuestra dependencia no se detiene allí, sino que incluso podría hacer un anecdotario de las cosas que han vivido mis pacientes en el proceso.

- Josefina. Su ex comenzó a hablarle por concepto bancario. Hacia depósitos de 10 céntimos para dejarle comunicaciones que no podía evitar. Ella cambió de banco.

- Marcela. Su ex cambiaba los nombres de usuario de la plataforma de *streaming* que alguna vez habían compartido. Se desvinculó y pagó su propia cuenta.

- Claudio. Su ex «casualmente» comenzó a hacer *running* cerca de su trabajo a la hora aproximada de su salida. Comenzó a tomar una ruta diferente para volver a casa.

- Verónica. Su ex comenzó a mandarle cartas por correo postal, ya que sabía su dirección. No abrió ninguna carta y estableció una denuncia por acoso.

Respecto al último punto. Aclaremos que el límite cero no implica cambiar todo el curso de nuestra vida para siempre y dedicarnos a huir de esa persona. Es una medida temporal, y desde ningún punto de vista implica tolerar el acoso de la otra persona. Incluso el contacto cero termina por poner en evidencia la falta total de límites de la otra persona y se vuelve una claridad para nosotros de cuándo se pueden establecer denuncias formales por acoso, ya que el otro nos puede hacer sentir vulnerables, con miedo y en peligro.

Por último, queda la identificación, a puerta cerrada, sobre los objetos que guardamos, que, en lugar de ser recuerdos afectivos, son elementos que nos disparan la nostalgia, la duda y la tentación de dejar de cuidarnos. Como el caso de una paciente que guardaba un marco con una foto con su expareja en la que se les veía muy felices juntos. Cuando miraba la foto ella se preguntaba insistentemente: «¿Por qué es tan difícil? ¿Por qué no podemos ser como en esta foto?». Mi trabajo consistía en recordarle que, mientras se tomaban la foto, él la estafaba económicamente y seducía a su prima, que apenas tenía 18 años.

El contacto cero no es un conjunto de reglas estrictas o un *pack* de intervenciones genéricas que se pueden tomar así como así, requiere evaluación personal, contextual, y sostener una decisión a lo largo del tiempo. Además, tampoco es la solución al problema, es un paso posible dentro del contexto de la psicoterapia. Si a algún lector le interesa este tipo de ejercicios, que consulte con su psicólogo al respecto. Recuerden que la opinión de un profesional que los acompaña es mucho más valiosa que este simple libro.

ALGUNAS ADVERTENCIAS Y UN ADIÓS

Por orgullo y deber de psicólogo, he de responder a un código ético y no vender este libro como un manual de autoayuda o una guía terapéutica, porque no lo es. Este libro se propone más bien como un pequeño paso reflexivo para todas aquellas personas que tienen experiencias que aún no saben cómo nombrar, historias que les avergüenzan compartir, o porque quieren comenzar a entender qué podría pasar en un turbio y maltratante vínculo emocional.

Tomemos esta obra como el pequeño impulso que algunos necesitan antes de dar un gran salto, como lo sería la psicoterapia. Bajo pena de pecar de repetitivo, quisiera decirles a los lectores que ningún libro de psicología, en ninguna parte del mundo, tiene el mismo potencial que un proceso psicoterapéutico.

Aconsejo que todas las ideas, novedades, información, historias e identificaciones que hayan encontrado aquí las compartan con sus familiares y amigos, si así lo desean, pero, sobre todo, que hablen con sus psicólogos de aquello que resuena en su propia historia y lo que les entusiasma intentar como intervenciones posibles.

Existen muchísimas circunstancias y tipos de problemas que no han sido abordados y preguntas que no se han respondido. Por ejemplo:

¿Qué se hace si convivo con un manipulador? ¿Cuándo conviene recurrir a medidas de fuerza o legales para resguardarme? ¿Qué más puedo hacer como familia o amigo si alguien tiene estos problemas? Y si existen historias de abuso sexual o de incesto, ¿qué cambia?

¿Cómo de graves pueden ser estos problemas? ¿Realmente son tan comunes como pensamos? ¿Que sea común significa que es tolerable? ¿Qué psicopatologías puedo sufrir debido a estos problemas?

¿Cómo funciona la manipulación a gran escala? ¿Y en los movimientos sectarios? ¿En las estafas ponzi? ¿Qué ocurre cuando se combinan otras vulnerabilidades como las sociales, las educativas o las económicas?

¿Dónde queda el narcisismo en todo esto? ¿Existen los padres narcisistas? ¿Las personas pueden actuar de manera narcisista sin serlo?

Tal vez en otra oportunidad esto sea posible de contestar.

Quizá este libro no es para usted, sino para un amigo que le desespera con sus historias de recaídas y repeticiones. Es muy fácil perder los estribos y cansarse de ver cómo el otro recae una y otra vez en las manos de un manipulador del que depende emocionalmente.

La empatía es un ejercicio necesario para acompañar al otro y nos toca mantenerla, aunque a veces nos cueste mucho. Pero tener empatía no significa tolerarle todo al otro, y mucho menos ser cómplices de sus malas decisiones. En otras oportunidades nuestro amigo o familiar nos puede parecer, simplemente, una persona caprichosa e inmadura, pero debemos recordar que también está sufriendo y que no es feliz con lo que hace, solo que no puede evitar hacerlo.

Por eso, si este libro es un regalo para alguien, recomiendo que sea entregado como una oportunidad para empezar un cambio, no como un castigo por su incapacidad.

Hay un gran salto entre pasar de un libro a un proceso terapéutico, por lo que también aconsejo que, si algo de este contenido ha resonado con el lector y sus allegados, y si no sabe si debería ir a terapia o no, quisiera decir que el solo hecho de tener una duda ya merece, por lo menos, realizar una primera consulta.

¿Sabía que existen grupos terapéuticos para personas con problemas de dependencia? Hay diferentes propuestas para ello en muchas ciudades. Algunos se denominan «grupo para personas codependientes», «grupo para relaciones tóxicas» o «grupo para adictos a las personas». Consulte por ellos, y si no encuentras nada, contacte conmigo.

Es por ello por lo que para terminar quisiera dar un paso al frente. Me dediqué en casi todo el libro a contar historias de pacientes, anécdotas de terapia y reflexiones surgidas por mi trabajo, así que, por nobleza, me corresponde hablar ahora de mí.

Me llamo Adrián, soy psicólogo y tengo 36 años a la hora de escribir esto. Aunque llevo 15 años trabajando como psicólogo no puedo evitar sentirme un poco impostor por pretender hacer un libro y un poco hipócrita si repaso mi propia historia de relaciones amorosas. También tengo miedo y me atormento sobre mis capacidades: «¿Con qué autoridad me pongo a escribir sobre esto? ¿Cómo estoy tan seguro de lo que digo? ¿Qué pasa si no puedo ayudar a nadie? ¿Y si a nadie le importa todo este trabajo? ¿Cómo voy a tolerar el posible fracaso? ¿No me estoy exponiendo demasiado con todo esto? ¿A quién pretendo engañar con mi firmeza, si no paro de releer y revisar lo que escribo?».

Yo también me lleno de miedos y dudas en el mundo de la manipulación y la dependencia. A veces tengo miedo de quedarme solo, y no importa si estoy o no con alguien. La soledad es un miedo personal que nos puede acompañar desde pequeños, como ha sido mi caso. También me avergüenzo de mí mismo cuando me recuerdo en alguna historia en la que no he actuado de la mejor manera, y me da mucha pena recordar que más de una vez lastimé a diversas personas.

Otro miedo que tengo con este libro es al de la utilidad, a no servir a nadie, a ser insignificante, así que en el fondo también convivo con el miedo a ser ignorado, y por extensión, a no ser mirado por nadie. A fin de cuentas, son miedos muy normales y humanos, que han existido entre nosotros desde que los primeros hombres comenzaron a preguntar por el hecho de vivir y no por el de sobrevivir. Pero a veces estos temores pueden ser más grandes e incontrolables de lo que creemos, y en esos momentos necesitamos de otros que nos ayuden.

A veces puede ser la familia, pero a veces se necesita un psicólogo, que no es un experto en resolver problemas, sino alguien que puede brindar la empatía, escucha y preguntas que el contexto no puede.

Ahora sí me despido. Si eres un colega de profesión y te gustaría conversar conmigo más sobre estos asuntos, o si eres alguien que tiene un problema y necesita un psicólogo, escríbeme, seguro que algo podemos hacer. Muchas gracias y hasta la próxima.

Adrián
@adriancitohinojosa

REFERENCIAS BIBLIOGRÁFICAS

AINSWORTH, M. D. S. (1963). *The development of infant-mother interaction among the Ganda*. In B. M. Foss (Ed.), *Determinants of infant behaviour* (vol. 2, pp. 67-112). London: Methuen.

AINSWORTH, M. D. S. (1967). *Infancy in Uganda: Infant care and the growth of love*. Baltimore: Johns Hopkins University Press.

AINSWORTH, M. D. S. (1989). Attachments beyond infancy. *American Psychologist*, 44(4), 709-716.

BAUMAN, Z. (2007). *Vida de consumo*. Ciudad de México, México: Fondo de Cultura Económica.

BOSZORMENYI-NAGY, I., & SPARK, G. M. (1973). *Lealtades invisibles: reciprocidad en terapia familiar intergeneracional*. Buenos Aires, Argentina: Amorrortu.

BOWLBY, J. (1958). The nature of the child's tie to his mother. *International Journal of Psycho-Analysis*, 39, 350-373.

HERNÁNDEZ, J. (2011). *Martín Fierro*. Buenos Aires, Argentina: Ediciones Colihue.

Mata, N. (2008). *La manipulación: la perversidad del pequeño poder*. Barcelona, España: Plataforma Editorial.

Minuchin, S. (2009). *Familias y terapia familiar*. Barcelona, España: Gedisa.

Sluzki, C. (2011). *La presencia de la ausencia: terapia con familias y fantasmas*. Barcelona, España: Gedisa.